DJENNE

IL Y A CENT ANS

Djenné, il y a cent ans

Bernard Gardi
Pierre Maas
Geert Mommersteeg

Introduction par Bintou Sanankoua

Institut Royal des Tropiques - Amsterdam / Museum für Völkerkunde - Bâle / Musée National du Mali - Bamako

Djenné, il y a cent ans est une coproduction internationale entre le Museum für Völkerkunde - Bâle, le Musée National du Mali - Bamako, l'Université de Technologie - Eindhoven et l'Institut Royal des Tropiques - Amsterdam.

Nous remercions vivement le Dr H.P. Koechlin, Consul honoraire de la République du Mali à Bâle, Suisse et le Dr Harald Widmer de Berne, Suisse, pour leurs contributions respectives, ainsi que la Chambre de Commerce d'Amsterdam.

Photos de couverture
Photo d'Albert Rousseau (1893-1894) ; Carte postale de 'Phot. A.B.&C. Nancy' (imprimée avant 1903)
(voir photos 28, 71)

Distribution
Museum für Völkerkunde - Bâle
Musée National du Mali - Bamako
Institut Royal des Tropiques - Amsterdam
Karthala - Paris

Traduction du néerlandais
M. Daru, Eindhoven
Traduction de l'allemand
O. Kyburz, Paris Nanterre

Photos
L'Album de Rousseau - Collection Peter et Ruth Herzog, Bâle, Suisse
Cartes Postales - La Photothèque du Museum für Völkerkunde, Bâle
Rédaction
Paulette Géraud, Paris
Couverture et design
Jac de Kok, Marieke van der Schaar - R2d ontwerpers, Tilburg

Imprimé par Lecturis - Eindhoven

CIP-DATA KONINKLIJKE BIBLIOTHEEK, DEN HAAG

Gardi, Bernard

Djenné, il y a cent ans / Bernard Gardi, Pierre Maas, Geert Mommersteeg ; introd. par Bintou Sanankoua ;
[trad. du néerlandais: M. Daru ; trad. de l'allemand: O. Kyburz ; réd.: Paulette Géraud]. - Amsterdam : Institut Royal des Tropiques ; Bâle :
Museum für Völkerkunde ; Bamako : Musée National du Mali ; Paris : Karthala [distr.]. - Ill., photos, bibliogr.
Coproduction internationale entre le Museum für Völkerkunde - Bâle, le Musée National du Mali - Bamako,
l'Université de Technologie - Eindhoven et l'Institut Royale des Tropiques - Amsterdam.

ISBN 90-6832-250-8 (KIT)
ISBN 2-86537-527-7 (Karthala)
NUGI 646/923

Mots-clés : architecture ; Djenné ; histoire ; beaux livres

Table des matières

Remerciements

Nous tenons à exprimer notre reconnaissance pour leur contribution à la réalisation de cet ouvrage aux personnes suivantes :
M. Rogier Bedaux, Musée National d'Ethnologie, Leyde ; Mme Nicole Célestin et Mme Anne-Cécile Tizon-Germe, Centre des Archives d'Outre-Mer,
Aix-en-Provence ; M. Philippe David, Paris ; M. François Dufort, Paris ; Mme G. Gascuel, Archives communales de Tours ;
M. Boubakar Kouroumansé, Djenné ; M. Georges Meurillon, Paris, Bamako ; Mme Martine Perney, Université d'Aix-en-Provence ;
Mme Dominique Taffin, Musée National des Arts d'Afrique et d'Océanie, Paris ; M. Samuel Sidibé, Musée National du Mali, Bamako.

Avant-propos

La ville de Djenné, située dans l'actuelle République du Mali, a été inscrite sur la liste du patrimoine mondial de l'UNESCO en 1988. Elle constitue depuis un témoignage unique de la civilisation de l'Homme dont la valeur exceptionnelle est universellement reconnue.

Djenné est aujourd'hui considérée comme la ville la plus ancienne de l'Afrique subsaharienne qui soit connue. Cette cité, riche de plusieurs siècles d'histoire, est célébrée pour sa beauté et son passé légendaire. Au XVIe siècle, à l'apogée de son épanouissement, sa position stratégique sur un des affluents du Niger lui a valu d'être l'un des plus importants pivots du commerce transsaharien, un carrefour où s'échangeaient l'or, les noix de cola et l'ivoire venant du Sud contre le sel, les bijoux et les textiles venant du Nord. En sa qualité de centre de commerce et de haut lieu de la foi et de la science islamiques, Djenné était l'égale de sa « ville-soeur », Tombouctou, beaucoup mieux connue en Occident.

L'historienne malienne Bintou Sanankoua évoque dans cet ouvrage l'importance historique de Djenné dont elle décrit à grands traits les principaux faits marquants, de ses origines jusqu'à la fin du siècle dernier.

La période ici couverte est très spécifique. Les plus anciens documents photographiques de Djenné remontent à la période coloniale qui commence avec la prise de la ville par les Français en avril 1893. Bernard Gardi a découvert il y a quelques années, dans la collection de Peter et Ruth Herzog à Bâle, un album contenant sans doute les toutes premières photographies de Djenné. Les photographies anciennes de l'intérieur du continent africain sont en général très rares. C'est pourquoi nous donnons une grande importance à ces documents iconographiques qui, à quelques exceptions près, n'ont jusqu'alors jamais été publiés.

Un deuxième groupe de photographies, d'une autre nature, sont ici présentées. Il s'agit des cartes postales publiées dix ans environ après les premières prises de vue de Djenné. Souvent reproduites à grande échelle, elles ont pris le chemin de l'Europe où elles ont façonné l'imaginaire relatif à cette ville africaine.

Aujourd'hui, plus de cent ans après, les photographies et cartes postales ici rassemblées et commentées nous replongent dans le passé. Mais, à Djenné comme ailleurs, le temps ne s'est pas figé. Nombre des maisons monumentales représentées ont disparu ; d'autres sont tombées en ruines. Malgré tout, la ville a su garder son caractère très particulier et préserver l'atmosphère qu'évoquent ces anciennes images. Puisse Djenné conserver encore longtemps sa beauté ! Comme l'affirme le texte inscrit sur le panneau apposé depuis quelque six mois au pied de la mosquée de Djenné, et rappelant que la ville figure sur la liste du patrimoine mondial de l'UNESCO, ce sera « au bénéfice de toute l'humanité ».

Novembre 1994

Bernard Gardi (Museum für Völkerkunde, Bâle, Suisse)
Pierre Maas (architecte, Breda, Pays-Bas)
Geert Mommersteeg (Institut d'Anthropologie Culturelle, Université d'Utrecht, Pays-Bas)

Aperçu historique de Djenné

Bintou Sanankoua

Djenné, ce nom magique, évoque une ville deux fois millénaire du Soudan Occidental. Son histoire reflète celle de la zone dans laquelle elle se situe, le Delta Intérieur du Niger. Djenné est restée célèbre dans l'histoire comme cité commerciale et surtout cité religieuse. Située au coeur du Pondo, une cuvette sillonnée en tous sens de marigots dans le sud-ouest du Delta Intérieur du Niger, Djenné est bâtie sur un *toggeré*, butte qui domine le paysage à 4 kilomètres du Bani, dans une zone régulièrement inondée par les crues. Sa situation la destinait naturellement à son rôle de métropole commerciale et d'entrepôt. Sa position entre deux modes de transport, par voie fluviale et par caravane, la tourne en partie vers l'Afrique du Nord et l'Orient à partir de Tombouctou et des pistes transsahariennes. L'Islam a accompagné et suivi les négociants, conférant à Djenné une dimension religieuse de grande envergure qui en fera la cité religieuse la plus célèbre de tout le Delta Intérieur.

Entrée dans l'histoire sous le manteau de la religion islamique, Djenné était cependant païenne à l'origine. L'ancienne chronique *Tarikh es Soudan* écrite au XVIIe siècle par Es-Sa'di nous apprend que Djenné a été fondée au milieu du deuxième siècle de l'hégire (aux environs de 750 AD) et que les habitants ne se convertirent à l'Islam que vers la fin du VIe siècle de l'hégire[1]. Selon les traditions populaires en cours à Djenné, au moment où fut entreprise la construction de la ville, les murs s'effondraient au fur et à mesure qu'on tentait de les élever. Interrogés, les génies et les devins dirent alors que si l'on voulait que les murs tiennent et que la ville devienne prospère, il fallait incorporer au mur d'enceinte une jeune fille vierge de l'ethnie Bozo. C'est ce qui aurait été fait. La vierge bozo s'appelait Tapama et la famille dont elle était issue devait désormais porter le patronyme envié de Djenepo, « le cadavre de Djenné ». Djenné est une ville religieuse si prestigieuse que l'imaginaire populaire a lié sa naissance à l'Islam. Ainsi, selon une tradition orale recueillie par Charles Monteil auprès de Ousmane Kontao, c'est Chamaourouchi en personne, le célèbre guerrier noir qui se serait illustré à la bataille de Bedr attirant sur lui l'attention du Prophète, qui aurait indiqué aux Bozo et aux Marka l'emplace-ment sur lequel il convenait de bâtir une ville destinée à devenir un grand centre musulman célèbre et prospère. Cette ville serait située au-dessous ou au-dessus de Al Jana, le Paradis. Djenné tiendrait ainsi son nom du mot paradis, Al Jana de Chamaourouchi[2].

Origines du commerce et de l'Islam

Djenné est située dans une zone du Soudan qui, du temps de l'empire du Ghana (VIIIe - XIIe siècle), ne participait pas au commerce transsaharien. Mais des troubles vont éclater à l'intérieur de cet empire et le commerce, qui y tient une place importante, se trouve considérablement gêné. Pour poursuivre leurs activités, les négociants, sont obligés de rechercher d'autres itinéraires. Djenné, située à un point stratégique, au milieu d'un réseau de cours d'eau relativement proche de la zone exondée et à un carrefour entre le transport fluvial et le transport caravanier, offre une belle opportunité. Elle va pleinement profiter du déplacement du centre politico-religieux de l'Afrique de l'Ouest vers le Niger sous l'influence de l'Empire du Mali en plein essor au XIIIe siècle. Djenné est le centre de gravité de tout le Djennéri, zone agricole qui s'étend entre le Niger et le Bani et se prête particulièrement à la pêche et à l'élevage et dont la production est expédiée jusqu'aux confins du désert. Tous les négociants qui redistribuent ces produits viennent les chercher sur place. Parmi eux, beaucoup sont originaires des pays musulmans du Nord de l'Afrique et de l'Orient. La conséquence est l'introduction et le développement de l'Islam, à tel point que le nom de Djenné évoquera désormais une métropole religieuse, un centre islamique de réputation comparable à celle de Tombouctou, sa jumelle et son relais aux portes du désert. A Djenné, négoce et Islam sont intimement liés car, parallèlement à leurs activités de négociants, les commerçants arabo-berbères se font les propagateurs de l'Islam.

Si l'Islam a été introduit à Djenné par l'intermédiaire des négociants arabo-berbères, il est consolidé grâce à son adoption par les populations locales. D'après Es-Sa'di, le premier sultan de Djenné à se convertir à l'Islam est Koy Konboro à la fin du VIe siècle de l'hégire (XIIIe siècle AD). A cette époque, l'Islam est non seulement présent mais aussi très important. C'est devant 4 200 oulémas réunis que le sultan Konboro abjure le paganisme nous informe Es-Sa'di[3]. On peut se demander si l'importance de la classe commerçante qui véhiculait l'Islam n'a pas joué sur la conversion du souverain. Depuis Koy Konboro, tous les souverains qui règneront sur Djenné seront musulmans. L'élite politique et administrative suit le souverain, influant ainsi sur le reste de la population. L'Islam va se renforcer à Djenné sous l'empire du Mali et surtout à partir du pèlerinage à la Mecque du *mansa* (roi) Moussa qui va intensifier les relations entre l'empire du Mali et l'Orient.

Djenné et les hégémonies politiques de la région (XIIIe-XIXe siècle)

L'empire du Mali

Depuis la fin de l'empire de Ghana, Djenné profite de la paix et de la sécurité assurées par l'empire du Mali (XIIIe-XVIe siècle) pour se développer considérablement. La ville va également bénéficier des retombées positives du pèlerinage légendaire de mansa Moussa, en 1324, qui va drainer vers elle une élite. Des négociants, des architectes, des juristes, des savants arrivent en grand nombre, ancrant Djenné, de façon irrévocable, dans le giron de l'Islam. Cette présence importante de populations arabo-berbères donne un aspect cosmopolite à la ville qui perd peu à peu son cachet négro-africain. L'architecture des nouvelles maisons érigées est fortement influencée par le style oriental. Les étrangers qui s'installent conservent leurs habitudes alimentaires, vestimentaires et leurs coutumes, et font venir tout ce à quoi ils étaient habitués. A travers Tombouctou et les pistes caravanières du Sahara, Djenné se tourne ainsi, au fur et à mesure du renforcement de sa population nord-africaine et orientale, vers les pays musulmans. Les activités développées sur place par cette communauté étrangère attirent les populations locales de la région qui diversifient leurs propres activités et accroissent leur prospérité. Le cercle se referme. C'est une ville commerciale confirmée, résolument tournée vers le monde musulman, que le dominateur songhay, Sonni Ali Ber, cherche donc à soumettre à son autorité en 1473.

L'empire songhay

Dès le début de son règne, en 1464-1465, Sonni Ali Ber se porte vers les riches terres du pays de Djenné : le point de rencontre des marchands de sel venant du Nord et de ceux de l'or venant du Bouré, sur le Haut-Niger, présente à ses yeux un intérêt stratégique et économique tout particulier. La conquête de Djenné ne sera ni facile ni rapide pour Sonni Ali Ber qui a pourtant laissé dans l'histoire la réputation d'un général toujours vainqueur, jamais vaincu. La ville, bâtie sur une îlot, a un allié naturel, les hautes eaux qui obligent les assaillants à attendre la décrue pour constituer une menace sérieuse. Pour vaincre la ville, il doit tenir un long siège qui, selon Es Sa'di, « dura sept ans, sept mois et sept jours ». Adam Ba Konaré affirme que « la conquête de Djenné a été la plus difficile des conquêtes menées par Sonni Ali car la ville, contrairement aux autres provinces affranchies du Mali, était dotée d'une solide organisation militaire et était bien protégée par son site »[4]. C'est davantage la famine que la puissance de feu du redoutable conquérant songhay qui a permis de réduire la ville. Sonni Ali Ber ne fait ni détruire la ville, ni réprimer la population pour sa résistance opiniâtre. Au contraire, il épouse la veuve du sultan décédé pendant le siège et s'en retourne au pays Songhay comme si, en fin de compte, il avait été soulagé de vaincre.

La conquête songhay conforte Djenné dans sa vocation commerciale et religieuse. La même année, Sonni Ali prend Tombouctou, et la domination commune imposée aux deux villes va sceller leur sort et les unir intimement. Les savants et les commerçants de l'Adrar mauritanien, du Touat, de Oualata et des confins sahariens qui viennent s'installer à Tombouctou prolongent leurs activités à Djenné. Les négociants s'y rendent pendant la période de crue du Niger pour se procurer les produits locaux : mil, poisson, bétail, coton (produit qui a donné naissance à des activités textiles particulièrement lucratives). Ils donnent en échange diverses sortes de textiles européens, du cuivre, du laiton et des armes. Ils amènent aussi des dattes de Oualata et des régions de l'Afrique mineure[5]. Les relations entre Djenné et Tombouctou sont si étroites et régulières que l'on observe les mêmes pratiques dans les deux villes, qualifiées de villes jumelles. Djenné était alors le reflet et la réplique de Tombouctou au coeur du Delta Intérieur du Niger. Tombouctou était le port de Djenné aux abords du Sahara. Les deux villes constituaient l'axe et les pôles essentiels du commerce de l'époque.

La conquête marocaine

Durant toute l'apogée de l'empire songhay, Djenné demeure un centre actif et très prospère du commerce et de l'Islam, tourné vers le monde musulman. Les signes de déclin deviennent perceptibles à partir du XVIe siècle avec la chute du commerce transsaharien lié au déplacement des routes commerciales vers la zone côtière, imposé par la présence européenne. La conquête marocaine du Soudan rend ce déclin irréversible. En 1591, les Songhay sont battus par l'armée marocaine.

La paix et la sécurité assurées par le Mali et le Songhay ont fait la fortune de Djenné. La difficulté du pouvoir marocain à contrôler effectivement le Songhay provoque le désordre dans le pays. Es-Sa'di rend bien compte de cette situation : « Quand l'armée marocaine était arrivée au Soudan, elle avait trouvé ce pays un des plus favorisés de Dieu par la richesse et la fertilité. La paix et la sécurité régnaient partout dans toutes les provinces... Tout changea à ce moment [avec la conquête] : le danger remplace la sécurité, la misère succède à l'opulence, le trouble, les calamités et la violence à la tranquillité. Partout les gens s'entre-dévorèrent, en tous lieux et en tous sens les rapines s'exercèrent et la guerre n'épargnera ni la vie, ni les biens, ni la situation des habitants. Le désordre fut général, il se répandit partout, s'élevant au plus haut degré d'intensité »[6].

La conquête marocaine s'accompagne d'une conquête d'exploitation. L'occupant marocain veut tirer le maximum de profits et ne se préoccupe ni du sort du pays lui-même, ni du renforcement de l'Islam dans la zone. Elle marque donc une rupture. De l'empire du Ghana à celui du Songhay, la tradition était solidement installée, le nouveau pouvoir prenait toujours à son compte la continuité de l'ancien. C'était des pouvoirs endogènes. Les fils du pays se donnaient les moyens de construire un Etat qui assurait la paix, la sécurité et la prospérité dont leurs compatriotes seront les premiers bénéficiaires.

Les événements se répercutent sur Djenné. Les commerçants nord-africains qui y vivent, soucieux de préserver leurs biens, amènent les autorités locales à prêter serment aux Marocains afin de bénéficier de leur protection. Mais cela ne sauve pas Djenné. Les Marocains installent une administration et une armée qui vont vivre sur le dos de la population.

Pendant les deux siècles que dure l'occupation marocaine du Soudan (XVIIe-XVIIIe siècle), Djenné ne cesse de décliner. Elle paie un lourd tribut à l'insécurité qui désorganise les circuits commerciaux qui ont fait sa prospérité, aux résistants songhay qui attaquent partout les Marocains, aux tentatives des Peul pour se libérer de l'autorité marocaine.

Sur le plan de l'Islam, l'occupation marocaine ne s'accompagne pas d'un regain religieux comme cela aurait pu être le cas. Les relations pacifiques commerciales de longue distance avaient entraîné davantage de savants et de propagateurs de la religion que l'occupation. Suite à l'anarchie et au désordre qui accompagnent l'occupation marocaine au Soudan, la disparition d'un pouvoir central fort va pousser les provinces mal contrôlées à chercher à se rendre indépendantes. Deux d'entre elles vont perpétuer la tradition étatique du Soudan occidental, le royaume bamanan de Ségou, Etat guerrier, et l'Etat théocratique des Peul : la Dîna.

L'occupation peule

Djenné présente un intérêt particulier pour les Peul. C'est ici que l'idée de *djihad* germe dans la tête de Cheikou Ahmadou, venu dans la métropole religieuse pour approfondir ses connaissances islamiques. Il est profondément déçu de l'état dans lequel il trouve l'Islam et du comportement des oulémas. Dès que le chef peul s'installe au pouvoir à l'issue de la guerre sainte de 1818, il se tourne vers Djenné. La ville, soucieuse de préserver ses richesses, se soumet sans combattre et accepte le représentant du nouveau pouvoir. Mais les descendants des Marocains qui se considèrent comme les véritables chefs de la ville ne l'entendent pas ainsi. Ils provoquent des incidents qui débouchent sur l'assassinat du représentant de la Dîna. La réaction des Peul est très vive, Djenné est assiégée. Une fois de plus, la cité fière et orgueilleuse ne se laisse pas vaincre facilement. Il faut neuf mois aux assaillants pour venir à bout de son courage et de sa ténacité, neuf mois aussi éprouvants pour les assiégés que pour les assiégeants. Comme pour se venger de l'humiliation d'un long et dur siège, les vainqueurs peuls font payer un lourd tribut à la population : 100 lances, 80 fusils, 1 500 gros d'or et le tiers de tous les biens possédés par les habitants. Les biens des descendants de la communauté nord-africaine sont saisis et redistribués aux représentants de l'Etat. L'occupation peule achève de couper Djenné de l'Afrique du Nord et de l'Orient musulman. La Dîna est un Etat ethnique géographiquement limité qui n'a plus rien à voir avec les grands empires médiévaux.

L'occupation peule ne redore pas plus le blason islamique de Djenné que l'occupation marocaine. Les questions islamiques sont au centre des préoccupations des hommes de la Dîna, mais Djenné ne peut constituer pour eux le seul pôle religieux. Ils tentent avec succès de faire de leur capitale, Hamdallaye, la nouvelle capitale politique et spirituelle de la région et mettent Djenné sous haute surveillance.

L'invasion foutanké

La domination des Peul prend fin suite à la guerre sainte proclamée par El Hadj Omar. D'origine toucouleur et venant du Fouta Toro au Sénégal, El Hadj Omar et ses hommes sont surnommés Foutanké. Quand les Foutanké, après la conquête de Hamdallaye en 1862, occupent la Dîna, ils sont obligés de la conquérir territoire par territoire. Djenné oppose une résistance qui déroute les généraux foutanké, obligeant Tidjani en personne (neveu et successeur de El Hadj Omar qui établit la capitale à Bandiagara) à mettre un siège qu'il doit lever au bout d'un mois sans succès. Tidjani doit attaquer et vaincre un par un tous les villages bamanan de la province avant de venir à bout de la résistance de Djenné en 1866.

Comme le pouvoir marocain, le pouvoir foutanké est un pouvoir d'occupation et d'exploitation. Il a du mal à s'imposer et doit guerroyer pendant plus d'un quart de siècle avant de réduire la résistance des Peul et des Bamanan.

Toutes ces années de guerre ont achevé de ravager et de désorganiser les circuits commerciaux qui ont fait la fortune de Djenné. Coupée de l'Afrique du Nord, Djenné se replie sur elle-même et épuise ce qui lui reste de vitalité dans une guerre civile qui oppose partisans et adversaires de l'occupant étranger, faisant ainsi fuir les derniers négociants et artisans nord-africains. Avec l'arrêt de la migration étrangère, Djenné perd petit à petit sa dimension internationale et est progressivement ramenée à des dimensions régionales.

A la veille de la pénétration française

La ville de Djenné que les troupes du colonel Archinard occupent le 12 avril 1893 n'est plus que l'ombre de la célèbre métropole commerciale et religieuse du Delta du Niger dont la réputation aura, pendant des siècles, dépassé les frontières du continent africain. L'occupation coloniale constitue un coup de semonce pour Djenné. L'axe commercial introduit par les Français passe par la vallée du Sénégal. Les produits industriels en provenance d'Europe arrivent par le littoral. Située au point de rencontre du Niger et du Bani, et sur la route qui relie Bamako aux villes de Tombouctou et de Gao, Mopti est choisie par les Français comme centre commercial et supplante peu à peu Djenné.

Notes

1   Es-Sa'di, 1964 : 23.
2   Monteil, 1932 : 35.
3   Es-Sa'di, 1964 : 24.
4   Adam Ba Konaré, 1977 : 127.
5   Monteil, 1971 : 43.
6   Es-Sa'di, 1964 : 223.

27 Méniaud, 1931, I : 487.

28 Sur l'histoire de l'empire toucouleur, voir Oloruntimehin, 1972.

29 Archinard, 1896 : 12-18. Ces pages comprennent « la prise de Djenné ».

30 Voir également son article de 1884 : « La fabrication du fer dans le Soudan français », Revue d'ethnographie, 3 : 249-255.

31 Il s'agit de la première description de Djenné après celle qu'en avait fait Caillié en 1828.

32 Ces trois commandants de compagnie étaient le lieutenant Freyss ainsi que les capitaines Lespiau et Cogniard. Sous les ordres de Freyss se trouvait le lieutenant Laforest, qui publia le récit de sa vie au Soudan en 1898. Lespiau fut l'un des deux officiers français à tomber lors de la prise de Djenné, l'autre étant Dugast.

33 Laforest, 1898 : 50.

34 1898 : 51.

35 1932 : 145.

36 Laforest, 1898 : 52.

37 1932 : 147. Pour les morts Djennenkés, il donne le chiffre de 300.

38 1938 : 148.

39 1932 : 148.

40 Ahmadou Tall s'enfuit avec quelques fidèles vers l'est, en passant par Douentza. Il mourut en 1898 dans la région de Sokoto, Nigeria.

41 Voir Mangin, 1930 : 209-247. Il doit avoir connu « le docteur Rousseau » mais ne le mentionne pas dans ses lettres. Mangin (1866-1925), futur général à Verdun et décoré Maréchal de France fait son arrivée au Soudan pour la campagne de 1889/1890. La campagne de 1893/1894 fut sa deuxième. Plus tard, de 1896 à 1899, il participa à la marche vers Fashoda sous le commandement de Marchand : une entreprise qui, partie de l'embouchure du Congo, rallia le Nil et fit possessions françaises toutes les contrées traversées. Il publia en 1910 « La force noire », un ouvrage dans lequel il défendit l'idée que l'Allemagne, bien plus grande que la France, était à même de mettre sur pied des armées plus importantes et, pour cette raison, la France se devait de recruter des troupes dans ses colonies – ce qui arriva.

42 Gardi, 1985 : 57. Ce chiffre comprend également les pirogues parties de Mopti.

43 BCAF 9, 1894 : 134.

44 L.-E. Mangin, 1986 : 44.

45 Charles-Roux, 1902 : 48.

46 Y compris une visite de Versailles... Charles-Roux, 1902 : 228-229.

47 Gatelet, 1901 : 354.

48 Gatelet, 1901 : 359.

49 Deherme, 1908 : 191.

50 Monteil, 1903 : 159-160.

51 Gardi, 1985 : 332.

52 Dubois, 1911 : 113.

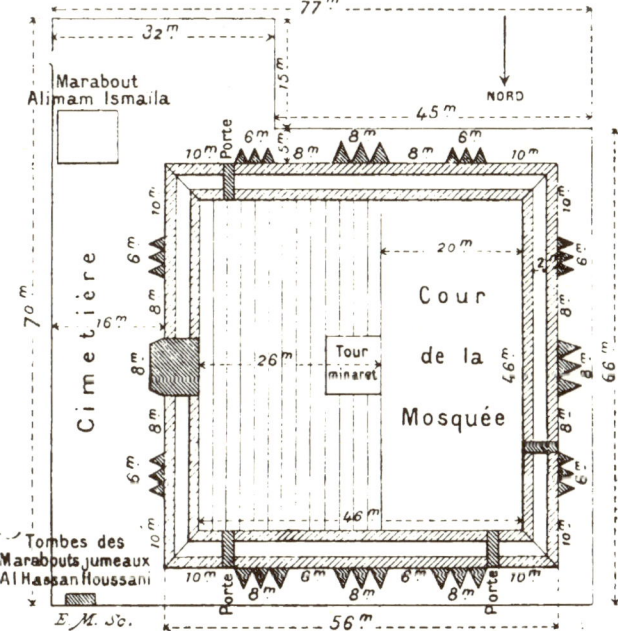

Figure 2
La reconstitution de la première mosquée de Djenné d'après Félix Dubois.
(source : Dubois 1897 : 177, 179)

plus belle que le kaabah de la Mecque »[55] (Figure 2).Bourgeois, tout comme Labelle Prussin, démontre qu'il est difficile d'accorder grande foi à ces reconstitutions[56].

La mosquée de Cheikou Ahmadou

Quel qu'ait été l'aspect de la première mosquée de Djenné, ce qui est certain c'est que son style différait totalement de la mosquée que connaissaient ses habitants lors de l'entrée du colonel Archinard dans la ville. A cette époque, les habitants de Djenné faisaient leurs prières, depuis déjà un demi-siècle, dans un bâtiment dont la conception était beaucoup plus simple que celle de son prédécesseur et dont l'origine et l'architecture étaient profondément liées aux bouleversements religieux et politiques qu'avait connus la région pendant les premières décennies du XIXe siècle[57].

En 1819, le réformateur musulman Cheikou Ahmadou (1775-1844) mit fin à près de deux siècles de domination marocaine sur Djenné. Après un siège de neuf mois, le chef peul investit la ville avec ses troupes. Dès son plus jeune âge, Ahmadou avait suivi les leçons de maîtres coraniques de Djenné afin de compléter ses connaissances sur l'Islam. Ses ambitions et son influence croissante inquiétèrent cependant les marabouts de la ville. Les autorités de Djenné le bannirent en tant qu'élément subversif et lui interdirent l'entrée de la mosquée[58]. Pendant ses études à Djenné, Ahmadou avait constamment pris ombrage du comportement de ses habitants. Les moeurs libertines de la ville, qui contrastaient intensément avec la sobriété de son mode de vie et la rigueur de sa foi, lui étaient une abomination. D'autant plus que la plus grande débauche s'étalait aux environs immédiats de la mosquée. « La corruption avait son quartier spécial », ainsi que l'exprime Dubois, « et ce quartier n'était autre que les alentours de la vieille mosquée »[59]. On se rassemblait en face du bâtiment pour danser au rythme du tam-tam et aux accents du balafon et boire de la bière de mil. Les nombreux étrangers séjournant dans la ville exhibaient tout l'arsenal des danses lascives venues du Soudan. Il arrivait même que des danseurs s'aventurent jusqu'aux galeries de la mosquée. Le jeune Ahmadou contemplait tout cela avec dégoût et se jura de mettre un jour fin à ces scandales.

Vingt-cinq ans plus tard il arrivait à ses fins. En 1818 il déclara la guerre sainte. L'année suivante il conquit Djenné et peu de temps après il fonda sur la rive droite du Bani, à soixante kilomètres environ de Djenné, la ville de Hamdallaye qu'il destinait à être la capitale de son royaume théocratique[60]. Par la fondation de Hamdallaye et la mise en place du royaume peul du Macina, Cheikou

Ahmadou ôtait à Djenné son statut politique de capitale du delta intérieur. Il interdit l'accès de la ville aux étrangers idolâtres et fit bâtir dans la ville une nouvelle mosquée. A l'est de l'ancienne mosquée, qui devait être abandonnée sur décision du grand conseil de Hamdallaye « parce que les Marocains l'avaient souillée par des pratiques contraires à la tradition et à la religion »[61], s'éleva une nouvelle mosquée qui fût inaugurée le 27 septembre 1834[62]. L'ancienne mosquée fut délibérément laissée à l'abandon. Ce processus fut accéléré par Cheikou Ahmadou qui fit bloquer l'évacuation des eaux de pluie. De cette manière il rendait le bâtiment inutilisable sans avoir à transgresser la loi coranique qui interdit à un croyant de détruire une mosquée. Le toit de la mosquée céda en effet sous la poussée des eaux.

Le style de la nouvelle mosquée de Cheikou Ahmadou différait nettement de celui de la précédente. Quoique plus vaste et capable d'accueillir plus de fidèles que l'ancienne, ce n'était qu'un sobre édifice haut de trois mètres seulement, dont le toit n'était soutenu que par de simples poteaux de bois au lieu de piliers en maçonnerie[63]. Ni tours ni décorations ne venaient égayer ce lieu de prière [Photos 54, 111]. Dubois qualifiait la mosquée du « rigoriste » Cheikou Ahmadou de « simple, nue [et] banale »[64]. Ainsi que Bourgeois le remarque à juste titre : « Sa simplicité était idéologique »[65].

La troisième mosquée de Djenné

Quelque trente ans après que Cheikou Ahmadou eût affirmé sa domination sur Djenné par la construction de sa mosquée, la ville de Hamdallaye, sur laquelle il fondait son pouvoir politique, fut conquise en 1862 par les armées de El Hadj Omar. La domination des Toucouleur mit fin à celle des Peul dans le delta intérieur. Après la destruction de Hamdallaye en 1864, la mosquée de Djenné restait le seul monument peul de quelque importance dans la région. Ce lieu de prière resta en fonction jusqu'en 1907, date à laquelle la construction de la troisième grande mosquée s'acheva sur le site de la première. C'est à ce dernier édifice que Djenné doit aujourd'hui encore sa gloire architecturale.

Le jeu complexe des facteurs de politique ethnique et coloniale qui ont contribué à cette construction, ainsi que les diverses interprétations concernant le déroulement des événements, ont été amplement et en détail exposés par Bourgeois. Contrairement à ce que l'on supposait jusqu'ici, à savoir que les colonisateurs français avaient joué un rôle déterminant et absolu dans la construction de la nouvelle mosquée[66], Bourgeois montre de manière convaincante, en se basant sur des sources écrites et sur la tradition orale, que

le bâtiment est enraciné dans les traditions locales de construction. Les autorités coloniales françaises s'intéressaient moins à la mosquée qu'à l'établissement d'une *medersa* dans la ville. Cette école, où devait être enseignés aussi bien l'arabe que le français, et qui trouvait sa justification dans la politique coloniale d'éducation en Afrique du Nord et en Afrique Occidentale, devait prendre une place importante pour la présence française dans la ville au cours de la première décennie de ce siècle[67]. Le choix d'un site de construction pour la *medersa* comme pour la nouvelle mosquée était un problème délicat vu les circonstances locales. A Djenné, chaque parti avait des motifs particuliers pour défendre son option. Les Peul voulaient naturellement bâtir la nouvelle école sur l'emplacement des ruines de la première mosquée et laisser la mosquée de Cheikou Ahmadou intacte. Les autres habitants de la ville optaient pour une reconstruction de la mosquée de Koy Konboro et proposaient de bâtir l'école, soit sur un terrain en friches, soit à la place de la mosquée peul. C'est cette dernière option qui fût choisie. Sur l'emplacement de la mosquée de Cheikou Ahmadou, les autorités françaises bâtirent une *medersa* et, sur une partie des murs de la première mosquée encore présents au centre de la ville, s'éleva la nouvelle grande mosquée.

Selon l'histoire locale, la construction de la nouvelle mosquée commença le 15 octobre 1906. La construction dura un an à deux semaines près. Les travaux s'achevèrent le 1er octobre 1907[68]. A partir de cette date, le paysage urbain de Djenné fût dominé par la mosquée qui, au cours de ce siècle, a pris valeur de symbole de la ville pour l'Occident. Les images de ce bâtiment dont, entre autres, les cartes postales reproduites dans le présent ouvrage, ont pénétré en Occident. Elles déterminent encore en Occident l'iconographie de la ville musulmane de l'Afrique Occidentale [Photos 136-140].

Dès le début de ce siècle, les autorités coloniales françaises avaient pris conscience des possibilités qu'offrait l'exploitation de l'image de la nouvelle grande mosquée de Djenné. En 1920, Marty écrivait dans son imposant ouvrage *Etudes sur l'Islam* : « La mosquée de Djenné est extrêmement populaire dans toute la région ». Et d'ajouter pour souligner cette popularité : « Aussi une grande firme commerciale du Soudan, la maison Danel, a-t-elle songé à l'utiliser comme réclame d'une marque de guinée. Une coquette reproduction en bleu de l'édifice orne le premier lai du coupon, avec l'inscription arabe au-dessous. Cette marque a eu tout de suite un succès considérable »[69].

Telle une statue sur son socle, la mosquée s'élève au-dessus de la place du marché sur un soubassement d'environ 75 mètres sur 75⁷⁰. Sa masse d'argile domine les alentours qui la mettent en valeur. La dénivellation de trois mètres qui sépare la plate-forme de la mosquée de la place du marché est recouverte de six escaliers dont les angles sont surmontés de pinacles. Ces escaliers symbolisent le passage du profane au sacré.

Le plan de l'édifice est simple et conforme aux traditions musulmanes. Un espace de prière couvert est délimité à l'est par un mur *gibla* et à l'ouest par une cour intérieure, elle-même entourée d'une sorte de galerie. La forme et le plan de l'actuelle mosquée laissent apparaître que l'édifice a été construit sur les ruines de l'ancienne mosquée de Koy Konboro. Quatre-vingt-dix piliers, sur lesquels repose la construction du toit, sont ordonnancés sur une nouvelle trame dessinée à l'intérieur des anciens murs extérieurs qui délimitaient un espace de forme trapézoïdale. Une photographie de Landor montre le nouveau mur *gibla* en cours de construction sur les restes du mur est de l'ancienne mosquée [Photo 136].

Le mur *gibla*, d'une épaisseur d'environ un mètre, est tourné vers la Mecque, indiquant la direction des prières. Sa façade est ornée de trois tours trapues, dont la base est plus ou moins rectangulaire et qui vont en s'amincissant vers le haut où elles sont couronnées par une sorte de pinacles. Des faisceaux de bois de palmier *(toron)* sont fixés en saillie sur la façade. Les *toron* sont à la fois décoratifs et fonctionnels. Lors du crépissage annuel de la façade ils servent d'échafaudage. Entre les tours et les flanquants se trouvent des piliers coniques en argile façonnés dans le mur et couronnés de mitres arrondies. La façade est délimitée par deux pilastres d'angle, de forme plus ou moins rectangulaire, également porteurs de *toron*.

L'espace intérieur de prière mesure environ 50 mètres sur 26. Une colonnade – une « forêt » – de quatre-vingt-dix piliers est surmontée de neuf arcatures supportant la charpente en bois de palmier du toit. Dans la direction nord-sud les piliers sont reliés par des arcs en ogive.

Les entrées principales de la mosquée, qui se trouvent sur les façades nord et sud, présentent des différences marquées. Alors que la façade sud ne se distingue que par un escalier, la façade nord présente un caractère que l'on peut qualifier de monumental. L'ordonnance du porche comporte trois piliers et une poutre en bois de palmier qui porte une rangée de *toron* et sept pinacles en forme de mitre. Tous ces éléments de façade font partie, ainsi que nous le verrons plus loin lors de la description de maisons monumentales, du type de façade dit soudanais. L'une des explications possibles aux différences entre façade sud et façade nord pourrait

se trouver dans la bipartition de la ville en une partie est, relativement riche, et une partie ouest, plus pauvre. Cette bipartition se retrouve dans l'aspect des deux entrées principales. L'entrée nord, destinée à la population de la partie est, est pourvue des caractéristiques de la façade soudanaise, symbole traditionnel de statut social élevé. Les habitants de la partie ouest de la ville, plus pauvres, doivent se contenter d'une façade plus sobre.

Les maisons monumentales à cour intérieure

Ainsi que nous l'avons déjà indiqué, les maisons monumentales à cour intérieure, servant de résidences aux familles importantes et situées le long de places ou de carrefours, occupaient au début de ce siècle une place éminente dans le paysage urbain de Djenné [Photos 126, 128, 129]. Ces anciennes maisons sont caractérisées par la composition formalisée du plan, dans lequel on reconnaît une stricte séparation entre les sexes et les personnes de statuts sociaux différents⁷¹. Les hommes et les femmes avaient dans ces maisons leur propre domaine. Ces domaines étaient strictement séparés par des moyens architecturaux. Le domaine masculin, qui portait le nom de *har hu*⁷² (textuellement : « maison de l'homme »), se trouvait traditionnellement à l'avant, les pièces étant reliées verticalement par un escalier. Une porte et de petites fenêtres ouvraient ce domaine à l'espace urbain et à la vie de la rue. Les espaces féminins étaient situés à l'arrière et sous les espaces masculins ; ils étaient complètement tournés vers la cour intérieure. Ils ne comportaient pas d'ouvertures sur la rue et en étaient ainsi totalement isolés (Figure 3).

Les domaines féminin et masculin se rejoignaient dans l'entrée de la maison, le *sifa*. Ce vestibule remplissait plusieurs fonctions. D'une part il donnait accès à la maison, de l'autre il reliait, de manière indirecte, le domaine féminin à l'espace urbain extérieur. Les ouvertures des portes n'étaient pas placées en enfilade et les murs étaient construits stratégiquement afin d'empêcher le regard de se porter directement de la rue vers l'intérieur. Depuis le *sifa*, toutes les pièces des hommes étaient directement accessibles. Ainsi n'était-il pas nécessaire de pénétrer inutilement dans le domaine féminin. Une autre fonction importante du *sifa* était celle d'atelier d'artisan ou bien d'école coranique.

Le contact entre les habitants des anciennes maisons à cour intérieure n'était pas seulement réglé strictement entre les sexes, mais aussi entre les différents statuts sociaux. Les habitants aisés appartenant à l'élite de la ville avaient souvent à leur disposition des captifs de case ou des serfs. Maîtres et esclaves habitaient le plus souvent

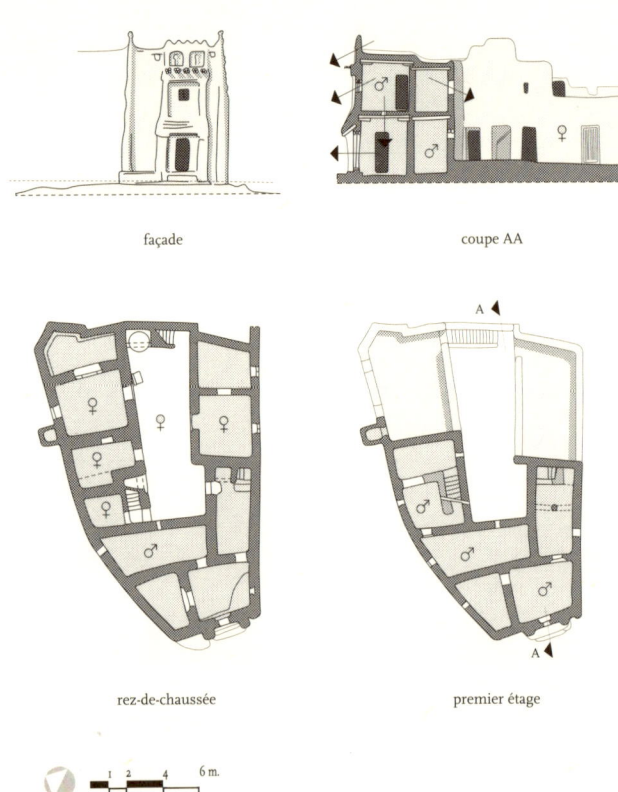

façade   coupe AA

rez-de-chaussée   premier étage

Figure 3
Plan d'une maison monumentale à cour intérieure. Dans la composition formalisée du plan on reconnaît une stricte séparation entre les sexes.
Dessin Arie van Rangelrooy (*source : Maas & Mommersteeg 1992 : 56, 180*)

34

côte à côte, sur la même parcelle, dans une maison comportant deux cours intérieures. La première était destinée aux femmes et formait l'espace autour duquel se trouvaient les espaces d'habitation des diverses épouses du chef de famille polygame. La deuxième cour intérieure était destinée aux captifs de case, et servait aux travaux domestiques et à l'accès aux espaces d'habitation des esclaves. La plupart du temps, la cour intérieure des esclaves était située derrière celle des femmes. Ces cours étaient séparées par une porte ou un vestibule.

Monteil écrit que les captifs de case d'un même maître formaient une famille à côté de la famille du maître[73]. A son époque, cette situation était déjà en fait en train de se modifier[74]. Beaucoup d'esclaves réussissaient, en accumulant petit à petit les sommes qu'ils recevaient annuellement en compensation de leur travail, à conquérir une position indépendante. Une fois la chose accomplie, ils tentaient de s'établir aussi loin que possible de leur maître et de fonder une famille. Les captives des Djennéens étaient en cela une exception. Ces femmes, grâce auxquelles s'effectuait une grande partie de l'accumulation des marchandises ainsi que nous le notions plus haut, restaient souvent auprès de leur maître après leur conversion à l'Islam qui leur avait assuré la liberté[75].

L'élément le plus marquant des anciennes maisons à cour intérieure de Djenné était la façade ou *potige*. « En d'autres lieux existent également des maisons à étage, spécialement à Tombouctou, mais nulle part l'on trouve le tableau si caractéristique, le *potige*, autrement que comme un emprunt fait à Djenné », écrit Monteil[76]. Les *potiges* se caractérisent par de lourdes formes en biseau et un certain nombre d'éléments décoratifs disposés selon des modèles stricts. On distingue deux principaux types de façade : la façade marocaine [Photos 52, 71, 131] et la façade toucouleur [Photos 75, 133][77]. La façade toucouleur se distingue de la marocaine par une construction en auvent, appelée *gum hu*. Un troisième type présente une façade non décorée et parfois des pilastres souvent plus épais et pouvant former des contreforts.

La façade marocaine comme la toucouleur est la plupart du temps composée comme suit (Figure 4) : l'ordonnance de la façade est bordée de deux colonnes d'angle, les *sarafar har* (1). Celles-ci marquent les angles de la parcelle et accentuent l'individualité de la maison dans le contexte urbain. Les *sarafar har* sont couronnées par des *sarafar fula* (2). Ces « chapeaux » arrivent à peu près à hauteur d'homme — mesure prise à partir du niveau du toit. La toupie qui les couronne est formée par un pot renversé en terre cuite. Placé légèrement en biais, ce pot protège le *sarafar fula* des dégâts des pluies torrentielles. Le portail décoratif, ou tableau de façade, construit autour de l'entrée de l'ancienne maison à cour intérieure, s'articule verticalement sur trois niveaux. Les deux pilastres emmurés appelés *sarafar woy* (3), situés sur les deux côtés du tableau de façade, délimitent un plan où se trouvent la porte et la fenêtre centrale. Les *sarafar woy* sont reliés par une barre située à plus ou moins de cinq mètres de hauteur. Cette pièce de bois de palmier surmontée d'un linteau en argile de quarante centimètre de haut a, du point de vue tectonique, plusieurs fonctions. D'une part, elle porte les *toron* (4), consoles constituées de faisceaux de les outils et les matériaux, puis les techniques de maçonnerie, les constructions, la création du maître d'oeuvre, pour finir par la consécration officielle en tant que *barey*.

On peut distinguer plusieurs niveaux dans l'organisation hiérarchique du métier de maçon. LaViolette distingue quatre catégories différentes de maçons[90]. Celui qui a terminé son apprentissage accède au second niveau. Là se trouvent les maçons généralement jeunes, mais accomplis, capables d'exercer leur métier de façon indépendante et de remplir par exemple une fonction de contremaître [Photos 10, 45]. Le sommet de la structure est formé par les maçons reconnus « maîtres ». A l'intérieur de ce groupe il existe deux niveaux : l'un est celui des maîtres-maçons encore actifs, l'autre celui des anciens qui ne travaillent plus. C'est chez ces derniers qu'on trouve les connaissances les plus complètes de la tradition du métier. Ce sont ces maîtres-maçons qui, de par leur longue expérience, connaissent le mieux la pratique du bâtiment. Mais il y a plus que le savoir-faire.

Ce sont aussi les maîtres-maçons, et en particulier les plus âgés d'entre eux, qui connaissent les secrets magiques liés à la pratique de leur métier. Monteil ne parlait-il pas des « pouvoirs occultes » du chef des maçons ? Le métier de maçon possède ses propres formules magiques, comprenant des mots arabes venus de la tradition musulmane et des mots de langues indigènes, destinées à protéger le bâtisseur et le bâtiment de différents types de malheurs. Les pouvoirs magiques attribués à ces formules sont utilisés aussi bien pour conférer aux constructions leur solidité et les protéger de l'effondrement, que pour protéger le maçon lui-même[91]. Cette dernière protection est double. Elle est d'une part physique, de l'autre économique. L'exercice du métier de maçon n'est pas sans danger. Certaines formules magiques doivent le protéger de la chute ou de blessures causées par des échardes ou des morceaux de verre présents dans l'enduit. Une formule prononcée au début du chantier doit empêcher toute personne de changer quoi que ce soit au bâtiment sans l'accord du maçon. Malheur à celui qui le tenterait malgré tout[92]. La relation économique entre le maître de l'ouvrage et le maître d'oeuvre est ainsi consolidée. Cette relation peut s'étendre sur plusieurs générations — par exemple dans le cas où le fils succède à son père maçon, ce qui arrive couramment — le bâtiment constituant un lien indissoluble entre elles.

Comme ce sont souvent les vieux maçons qui connaissent le mieux les secrets magiques, ils remplissent, après avoir cessé leur vie active, une fonction essentielle dans le processus de construction du bâtiment. Il arrive souvent qu'on vienne les consulter et qu'on les sollicite pour prononcer les formules adéquates au moment de commencer les fondations. Un texte, qui évoque par exemple le nom d'Abraham, doit être lu quand sont posés les quatre moellons angulaires des fondations. Avant de poser ces moellons, le maçon en prend un dans ses mains et récite les mots magiques à trois reprises à voix basse. Quand il a fini, il crache sur le moellon. Les pouvoirs magiques attribués à la formule sont alors transférés dans celui-ci. Grâce à cette action, dit-on, personne ne pourra jamais modifier ni démolir l'édifice sans l'accord du maçon responsable de la construction. L'utilisation du nom d'Abraham dans cette formule de maçon s'explique par l'histoire d'Abraham telle qu'elle nous est contée par le Coran. Selon le Coran, Abraham (Ibrahim) a bâti la maison de Dieu, la *Ka'bah*, à la Mecque avec son fils Ismaël. Un vieux maître-maçon évoque l'histoire ainsi : « Au début du monde était Ibrahima, fils d'Adama, qui construisit le premier bâtiment, la *Ka'bah*. Elle tient encore debout. C'est là que la maçonnerie a commencé. La puissance du nom d'Ibrahima doit être évoquée pour donner à un bâtiment longue vie. Il en est ainsi parce qu'il est impossible de détruire la *Ka'bah* »[93].

Nous avons précédemment fait remarquer que les artisans de Djenné ne confinaient pas leurs activités à la ville même. Ceci vaut aussi pour les maçons. Eux aussi offraient leurs connaissances et leur savoir-faire ailleurs, dans le delta intérieur et au-delà. Ce faisant, ils soulignaient le caractère de Djenné en tant que centre urbain régional. Plus que tout autre corps de métier ce sont les maçons de Djenné, dont la maîtrise était largement reconnue, qui ont diffusé l'image de la ville. « Depuis Bammakou j'ai partout retrouvé des adaptations du style de Djenné, écrit Dubois, sur les façades des demeures royales de Ségou, sur les portes des villes. Enfin toutes les mosquées, quoique de proportion beaucoup plus modestes, sont édifiées sur le modèle de la vieille mosquée de Djenné »[94].

Comme il y a cent ans, comme dans des temps reculés, de nos jours, ce sont les maçons de Djenné qui laissent, dans le reste de l'Afrique occidentale, l'empreinte de leur savoir-faire enraciné dans la tradition, en construisant dans le style qui a connu un tel épanouissement dans leur ville et qui force, encore aujourd'hui, notre admiration, tout comme celle de Félix Dubois à la fin du siècle dernier. Et, en cela, nous pouvons heureusement nous passer des théories fumeuses qui déniaient à ce patrimoine culturel son origine locale.

Notes

1   Dubois, 1897 : 95 e.s. La date précise du voyage de Dubois est inconnue. Son livre n'y fait aucune mention. La *Revue Coloniale*, no.1, 1895 : 675-696, comporte un *Rapport d'un voyage au Soudan et à Tombouctou accompli en 1894-1895 par M. Félix Dubois*. Ce rapport publie les chiffres des précipitations et des températures des mois de juillet 1894 à février 1895. La partie du voyage de Dubois à laquelle nous faisons ici allusion doit donc avoir pris place au début de l'automne 1894.

2   A propos des voyages précédents de Dubois, on pourra consulter Prussin, 1986 : 265.

3   Quoique la page de garde mentionne l'année 1897, le livre de Dubois fut publié fin 1896. Voir Förster, 1897 : 193.

4   « Illustré de nombreuses gravures uniquement exécutées d'après les photographies de l'auteur et de M. J. Drilhon, Commissaire de la Marine » indique le texte de la page de garde.

5   Dubois, 1897 : 188.

6   Dubois, 1897 : 99.

7   Dubois, 1897 : 100.

8   Dubois, 1897 : 102.

9   Que Dubois nomme Songhoïs. Voir en particulier Dubois, 1897 : 103.

10   Dubois emprunte cette date à la chronique *Tarikh es Soudan* qui date du XVIIe siècle. Celle-ci mentionne que la ville aurait été fondée au milieu du deuxième siècle après l'hégire. Pour plus de détails sur les origines de la ville, voir Maas & Mommersteeg, 1992 : 173-175.

11   Dubois, 1897 : 214.

12   Monteil, 1903 : 301.

13   Monteil, 1971 : 193. En ce qui concerne l'orthographe de Djénné – avec deux accents aigus selon Monteil – nous ne le suivons que pour les titres de ses livres. Quand nous le citons, nous adoptons l'orthographe moderne: *Djenné*.

14   V. Monteil, 197 : vii.

15   V. Monteil, 197 : viii.

16   Monteil, 1971 : xiv. Il est clair que l'utilisation de termes tels qu'« indigènes » – de même que « barbarie », etc. chez Dubois – s'inscrit totalement dans le discours colonial et ne se justifie ici que dans les citations.

17   En ce qui concerne l'histoire de la ville, Monteil se base, à l'instar de Dubois, aussi bien sur les traditions orales rassemblées sur place que sur des sources écrites. Tous les deux utilisent des passages de deux chroniques écrites en arabe, à savoir le *Ta'rikh as Sûdân* écrit par, `Abd ar-Rahmân es-Sa`dî (1576-peu après 1655) qui fut imam à Tombouctou, sa ville natale, ainsi qu'à Djenné et le *Kitâb al-Fattâsh* rédigé par trois générations de la famille de Mahmûd al-Kâti (né 1468) de 1519 jusqu'à 1665 environ, quand Ibn al-Mukhtâr y mit le point final.

18   Il s'agit ici de recherches qui ont été effectuées à Djenné à partir du milieu des années quatre-vingt par des chercheurs de l'Université de Technologie d'Eindhoven. Voir, pour les divers projets impliqués, Maas & Mommersteeg, 1992 : 5. Les recherches de Mommersteeg à Djenné (novembre 1985 - octobre 1986 ; juin 1987 - janvier 1988) ont été financées par la Fondation Néerlandaise pour le Développement de la Recherche Tropicale (WOTRO) (W52-368).

19   Monteil, 1903 : 302-303 et Dubois, 1897 : 167. D'autres sources plus anciennes mentionnent le mur d'enceinte, telle la chronique *Tarikh es Sa`di*. Es-Sa`di, 1964 : 23 ; et le récit de René Caillié, l'explorateur français qui, en route pour Tombouctou, séjourna à Djenné dix jours en mars 1828 et qui a laissé le seul témoignage européen sur la ville avant l'arrivée des troupes françaises. Caillié, 1985 (II) : 147.

    Les remparts ont probablement été détruits au cours de la première moitié de ce siècle. Les indications d'une carte française datant de 1921 sont imprécises sur ce point, mais la photographie aérienne de 1946 ne montre en tout cas plus de mur d'enceinte. Gallais, 1967 : 555, qui effectua des recherches à Djenné en 1958, écrit que le mur d'enceinte avait été démantelé et ses restes utilisés au remblaiement d'une chaussée périphérique.

20   Domian, 1989 : 20, doute du caractère défensif des anciens murs d'enceinte tels que ceux de Djenné : « Tombouctou, Djenné et Agadès étaient sans doute entourées de murs mais, d'après les descriptions qui nous sont parvenues, il ne peut guère s'être agi de fortifications. [...] Peut-être les murs ne servaient-ils qu'à contrôler les mouvements des visiteurs et des marchands et à interdire l'accès de la ville aux indésirables ».

    Cependant, l'histoire de Djenné mentionne à plusieurs reprises un long siège. Voir Monteil, 1971 : 41 en ce qui concerne le siège par les Songhay et Ba & Daget, 1955 : 151 pour le siège par les Peul.

    Gallais quant à lui (1984 : 151) indique que l'ancienne enceinte de Djenné, plutôt que d'être un signe d'autorité politique, semblerait se rattacher « à l'activité de commerce, à l'existence d'entrepôts, de marchés dont la sécurité doit être assurée ».

21   Monteil, 1903 : 304.

22   Monteil, 1903 : 306.

23   Pourtant « moyennant la vigilante surveillance de l'autorité » ajoute le fonctionnaire colonial. Monteil, 1903 : 305.

24   Respectivement : Djennéen : 3 151 ; Peul : 1 110 ; Bozo : 692. Au sujet de la population de Djenné depuis le début de ce siècle, et en particulier en ce qui concerne les divisions en groupes ethniques, consulter Winters, 1973 : 551-554. Winters souligne que les recensements effectués du début à la fin de l'ère coloniale reflétaient les préjugés des fonctionnaires français de l'état-civil qui semblaient, au fur et à mesure de leur acclimatation au Mali, curieusement enclins à admettre l'existence de groupes ethniques de plus en plus nombreux.

25   Monteil, 1903 : 306, tableau récapitulatif.

26   Gallais, 1967 : 556-557. Quoique la caractérisation que donne Gallais des divers quartiers date de 1958 – effectivement un demi-siècle après la période que nous tentons de décrire – le lien qui peut être établi dans un grand nombre de cas entre l'étymologie du nom d'un certain quartier et son caractère dominant (lesquels noms correspondent à ceux indiqués par Monteil) indique que le modèle esquissé par Gallais peut être appliqué à la période étudiée sans trop de problèmes.

27   L'étymologie de Gallais diffère ici de celle de Monteil (1903 : 303) pour qui il s'agit de « la porte de la boutique de Kouyé ». Le suffixe me – aujourd'hui abandonné – qui signifie en soi ouverture – peut effectivement signifier « porte ». Mais si nous interprétons *Kouyé* en tant que *koy*, le sens est « propriétaire, chef, etc. » et le terme de Gallais est alors plus correct. *Tende* signifie « atelier ». Dupuis, 1917.

L'album d'Albert Rousseau

Bernard Gardi

Il est vain de vouloir élaborer une théorie de la photographie[1]. Les images doivent être examinées les unes après les autres, chacune pour elle-même. Selon les connaissances ou les intérêts, c'est celle-ci – ou bien celle-là – qui sautera aux yeux, que l'on verra, qui fera rêver ou que l'on rejettera, et qui nous mènera sur un chemin de découverte dont on ignore la destination finale. Il est tout aussi vain de chercher à décrire les photos qui forment l'album de Rousseau. Un Européen y verra tout autre chose qu'un Malien. Un jeune Malien à son tour, en examinant ces images, découvrira tout autre chose qu'un « vieux » ou une « vieille » qui portent encore en eux les images du monde de leur enfance aujourd'hui disparu. Espérons simplement que le plus grand nombre de Maliennes et de Maliens intéressés pourront prendre connaissance de ces images.

Nous avons vu que Rousseau avait été cantonné à Djenné en avril 1893, comme médecin de garnison. On ne sait rien de plus à son sujet[2]. C'est par hasard que nous avons eu connaissance de l'existence de cet album, qui appartient à la collection de Ruth et Peter Herzog, à Bâle. Dans cette collection, l'album de Rousseau jouxte des centaines d'autres albums. Il a été acquis, parce qu'il s'agissait d'un ensemble intelligemment agencé d'images fort bien conservées venues d'un monde exotique inconnu de ces collectionneurs, le Soudan. Depuis que j'ai vu l'album chez les Herzog, il y a quelques années, je n'ai pu me défaire de ces images, pas plus que de la question de savoir qui pouvait bien avoir été ce Rousseau[3]. Que des images de la vie de tous les jours, empreintes de sérénité et reflétant un profond sentiment d'humanité aient pu être prises en une période aussi agitée, marquée par la guerre, la mort, le désespoir et la misère, me préoccupait.

Sur la couverture de l'album, relié d'un cuir rouge violacé, se trouvent les informations suivantes : en haut à gauche, « 5 décembre 1891 » en bas à droite, « 28 mai 1894 ». Ces dates indiquent très probablement le moment où Rousseau quitta l'Europe et celui de la fin de son séjour africain. Il aurait donc passé assez précisément trente mois au Soudan, ce qui constitue, pour l'époque, un séjour plutôt long[4]. Au milieu, on voit en lettres capitales « SOUDAN » et juste au dessous « campagne 11 novembre au 11 juillet 1893 ». Cette période correspond exactement à la campagne de 1892/1893 menée par Archinard[5]. Enfin, partiellement gratté mais toujours lisible, on trouve le nom d'Albert Rousseau dans le coin inférieur gauche. Est-ce beaucoup, est-ce peu, en tout état de cause ce sont des éléments qui me décidèrent à mener des recherches. Qui était ce Rousseau ? Les deux auteurs classiques de l'occupation du Soudan, Gatelet et Méniaud, mentionnent les noms d'au moins 160 militaires français pour la période considérée. Rousseau n'y figure pas. Comme il s'agit d'une période où l'on mentionnait avant tout les officiers et soldats qui occupaient des positions de commandement, qui s'étaient illustrés par un fait d'armes, avaient été blessés ou tués, on peut penser que Rousseau était un homme paisible qui accomplit son service militaire discrètement, en tant que médecin, sans acte héroïque[6].

« Notre » Rousseau est probablement l'homme qui, en 1891, soutint devant l'université de Bordeaux une thèse de médecine intitulée « Du Noevus kératosique »[7]. Est-ce un hasard si deux photos sont reproduites dans cette thèse de quarante-six pages ? A l'époque, ce n'était en aucun cas l'usage. Nous découvrons également l'intégralité de son nom – « Albert Charles Octave » – ses lieu et date de naissance « Né à Tours, le 17 mars 1867 » – et le lieu de sa formation – « Elève du Service de santé de la Marine ». Le travail fut présenté le 4 novembre 1891, un mois avant la date présumée de son départ[8]. Un autre médecin, qui participa également à la campagne de 1892/1893, présenta sa thèse deux mois plus tard dans la même faculté, devant le même jury de professeurs : Jules Emily[9]. Ce Jules Emily avait également été « Elève du Service de santé de la Marine ».

Rousseau était un homme paisible et discret. A une époque où les thèses étaient précédées de remerciements aux professeurs mais aussi à une quantité de personnalités en vue, Rousseau avait simplement écrit « Meis et amicis ». Était-ce un original ? Un introverti ? Au contraire d'Emily, le soudard, le risque-tout souvent cité[10], il paraît avoir été un homme sociable. Seize dédicaces ornent la première page de sa thèse de doctorat.

Rousseau s'est probablement senti à son aise à Djenné, à l'inverse de Mangin. Il jouissait probablement d'un temps libre important qu'il consacrait à la photographie. A l'époque, la photographie réclamait du temps, car les négatifs devaient être immédiatement développés et tirés. Il semble que Rousseau ait eu un bon comportement à l'égard des gens qu'il photographiait ; dans pratiquement tous les cas, ceux-ci portent un regard totalement naturel vers la caméra. Il ne s'est certainement pas ennuyé.

Rousseau avait du temps et il photographia les deux mosquées qui ont aujourd'hui disparu. L'une fut érigée vers 1834-1835 par Cheikou Ahmadou, le fondateur de l'empire peul du Macina[11], l'autre était la ruine de la célèbre mosquée du vendredi, datant du XIIIe siècle dont les restes furent intégrés à la grande mosquée érigée en 1906/1907 et qui suscite actuellement encore l'admiration[12]. Dans aucun des deux cas il ne s'agissait de constructions spectaculaires. Comme la photographie n'était pas à l'époque une affaire de hasard, on peut penser que Rousseau avait conscience de la signification des deux édifices. Il est également impossible que le hasard ait réuni ces deux photographies sur la même double page de l'album. Cette seule page montre que Rousseau était un homme cultivé, particulièrement attentif à la vie du Soudan. Il est intéressant de noter que l'une photos – la ruine de la grandes mosquée du XIIIe siècle – fut publiée en héliogravure en 1895, mais non par Rousseau. Avec d'autres photos, cette ruine illustre un article très anodin signé du lieutenant Ludovic Hugot qui décrivait les marches et la vie de troupe de l'époque[13]. « Cependant , nous dit Hugot, par bonheur, un de mes camarades possède un appareil de photographie, et nous avons déjà réussi, en collaboration, à prendre une série de photographies assez amusantes, entre autres une vue du campement, une photographie de la mosquée de Djenné…, un portrait de femme de race peuhle, assez jolie, ma foi »[14]. Le camarade en question devait être Rousseau. Il ne fait aucun doute que la reproduction en héliogravure de la ruine de l'ancienne mosquée de Djenné est tirée du cliché de Rousseau[15], à une différence toutefois : le graveur qui a travaillé l'image a pris la liberté d'ajouter un cavalier afin de donner une idée des proportions[16]. Ce personnage rajouté est bien trop petit et fausse l'image. Enfin, aucune vue du campement n'apparaît dans cet article, alors que l'album en compte trois.

L'album compte 97 photos dont 72 sont ici reproduites. Ces 72 photos suscitent notre étonnement à l'idée qu'elles aient pu avoir été prises à Djenné[17]. Vu d'aujourd'hui, le format de ces images est étonnamment petit, mais il correspond au format de voyage d'autrefois. Les plaques de verre étaient non seulement délicates à transporter, mais aussi également fort lourdes. Les photos sont certes petites, mais d'une grande précision et d'un grain éminemment fin. Ces photos ne comportent aucune légende.

Les tirages sur papier chamois nous invitent à un grand retour en arrière et l'on est presque saisi de vertige. Ils nous permettent aussi de nous faire une idée du photographe, pour qui ces photos devaient être importantes. Très peu de ces images sont ratées et aucune de ces photos n'est aujourd'hui dénuée d'intérêt.

Le médecin Rousseau doit avoir eu de l'amitié pour les gens de Djenné. Il en photographia énormément – seuls, en groupe, le père et ses enfants, au travail – dans un style toujours simple et dépouillé. Voilà le merveilleux intérêt de cet album. Rousseau était un observateur scrupuleux de son entourage, médecin et esthète tout à la fois, qui accordait de la valeur à la vie humaine comme à la beauté des choses. C'est la raison pour laquelle l'album réunit jeunes et vieux, femmes et hommes, scènes de la vie quotidienne et vues de la ville. Et toujours ces visages qui suscitent le rêve et qui nous entraînent sur le chemin de la découverte. Le photographe renonça à montrer des malades, pratique courante en cette fin de siècle où de telles images apportaient à l'Europe une preuve du caractère effrayant de l'Afrique. Rousseau a probablement vu des lépreux, des malades frappés d'éléphantiasis mais il ne les a pas photographiés. Les photos des souvenirs terribles et celles des autres soldats sont pratiquement absentes. Seules neuf prises de vue vont dans ce sens[18]. On ne trouve que peu de photographies de jeunes filles à la poitrine dénudée, comme on en fit tant à l'époque. Pour Rousseau, les photos de son album devaient toutefois apporter une *preuve* du Soudan *tel qu'il était*. En tout état de cause, il se donna la peine d'immortaliser la diversité des situations vécues, de les classer systématiquement afin, non seulement de pouvoir faire partager ses impressions à ses parents et amis, mais également, pensons-nous, d'établir un document vécu, destiné à son propre usage.

L'album débute par les quatre positions de la prière musulmane. On ne peut rêver meilleure entrée en matière à un album sur Djenné puisque cette ville était avec Tombouctou le centre de l'érudition islamique. Sur les onze pages suivantes, on découvre à peu près tous les métiers que l'on voyait à l'époque à Djenné : du boucher au forgeron – qui construit les lourdes portes des maisons bourgeoises, ornées de pièces de fer martelé –, en passant par le joueur de balafon, le tisserand, le pêcheur, le brodeur, le bourrelier, etc. La plupart des métiers du Soudan occidental y sont représentés[19]. Ces quarante-trois images, systématiquement agencées sont toutes de petit format.

Vient ensuite une magnifique série de trente-quatre images de format moyen où dominent les portraits de personnes – assises ou debout. D'autres images illustrent remarquablement la vie quotidienne : une école coranique, une scène de marché, la réparation d'une grande pirogue. Cet ensemble se termine par une double page qui présente les photos des deux grandes mosquées de Djenné, ainsi que deux représentations de maisons, dont l'une est en construction. Les vingt-six dernières pages comportent vingt-trois photos de grand format où l'on trouve les militaires susmentionnés mais également quelques agrandissements de photos présentées en petit format dans le premier tiers de l'album.

Avant de conclure cette présentation, il nous faut mentionner une photographie isolée qui pourrait facilement passer inaperçue [Photo 48]. Elle constitue, avec une carte postale de Simon, [photo 113] une rareté : quatre hommes sont assis sur une peau de mouton avec devant eux, sur le sol, un petit amas d'objets de couleur claire. Ce sont des banquiers avec leur capital de cauris. Il faut en effet savoir que ces coquillages étaient une ancienne monnaie africaine[20]. Les plus petits, *Cypraea moneta*, venaient des Maldives. Ils firent leur entrée dans l'arrière-pays ouest-africain grâce au commerce transsaharien. Plus tard, ce furent des navires portugais et hollandais qui se procurèrent ces cauris par échange au Sri-Lanka et qui les rapportèrent en Afrique occidentale. Les cauris les plus gros venaient de Zanzibar et ils ne furent introduits dans les échanges commerciaux qu'à la fin du XIXe siècle, lorsque les bancs des Maldives furent épuisés. Les premiers administrateurs français se faisaient régulièrement escroquer par ces marchands et ces banquiers. Les Français avaient certes accepté le paiement d'impôt en nature ou en cauris mais leur but fut bientôt de monétariser les échanges des populations de la région conquise. En 1904, l'argent officiel fut instauré pour l'ensemble de la région et, comme les populations refusaient le papier-monnaie, l'on introduisit exclusivement les pièces. Elles étaient en argent et elles furent immédiatement transformées en bijoux. Comme l'impôt devait être payé en monnaie mais que parallèlement les cauris étaient encore très répandus – ils restèrent longtemps en usage pour le règlement des petits achats – la situation se prêtait à de juteuses spéculations : au gré des saisons, les puissants spéculateurs de Djenné et de Ségou organisaient la pénurie en inondant le marché de leurs cauris et en gardant leurs pièces de monnaie par devers eux. En règle générale, l'administration prenait connaissance trop tardivement de telles manœuvres ce qui permettait à ces Africains d'empocher de solides gains. Un administrateur se plaignit même de ne pouvoir se départir de ses millions de cauris qu'en subissant de lourdes pertes[21].

Notes

1 La littérature sur la photographie est en forte expansion. Voir, par exemple, l'article de Marco Meier, Die Sichtbarkeit der Welt, in Herzog, 1992 : 22-29.

2 Je me fonde essentiellement sur des documents publiés. Des recherches ponctuelles au Centre des Archives d'Outre-Mer, à Aix-en-Provence, ainsi qu'à la Bibliothèque Nationale, à Paris, n'ont donné aucun résultat quant à la personne de Rousseau.

3 A propos de cet album, voir également Gardi, 1989. L'article comporte plusieurs erreurs car l'ouvrage de Thiriet ne m'était, à l'époque, pas connu.

4 Pour les militaires français, des séjours d'environ dix-huit mois étaient la norme, avec la possibilité d'une année supplémentaire (Gouraud, 1939 : 70). Gouraud lui-même est fier de ses trente-deux mois passés en Afrique (1939 : 129).

5 Le 11-11-1892, les premiers détachements quittèrent Kayes pour Kita (Thiriet, 1932 : 83). Ces détachements étaient conduits par le lieutenant colonel Combes qui ne se rendit pas à Djenné et Bandiagara mais qui, sur ordre d'Archinard, entreprit en 1892/1893 une campagne contre Samori, dans la région de Siguiri. Il est fort possible que Rousseau ait tout d'abord été de la partie, qu'il ait ensuite été affecté comme médecin à Kita ou Bamako et qu'il n'ait rejoint la colonne Archinard que plus tard. L'album contient bien quelques photos difficilement localisables, mais elles ne semblent pas provenir du Nord de la Guinée. En revanche, une photo illustre très probablement le campement militaire de Koulikoro [S. 9].

6 Thiriet, seul auteur à mentionner Rousseau, n'est quant à lui cité ni par Gatelet ni par Méniaud. On trouve son nom dans l'ouvrage de Bonnier, 1926 : 196. En tant que vétérinaire, Thiriet se trouvait sous le commandement du colonel Joffre, tant au cours de la campagne 1892/1893 que dans la colonne de Tombouctou (déc. 1893-fév. 1894). Son ouvrage ne parut qu'un demi siècle plus tard.

7 Rousseau, 1891. La thèse fut imprimée à Rochefort-sur-Mer. C'est la seule thèse de médecine, écrite par un Albert Rousseau, que j'ai pu trouver pour cette période.

8 Les archives municipales de Tours ne détiennent pas d'informations supplémentaires sur Albert Rousseau. Son père, Joseph-Léon « marchand de vannerie » se maria en secondes

43

noces en 1908, à Rochefort. La date du décès d'Albert Rousseau n'est pas connue des archives de Tours. Je remercie ici Mme G. Gascuel, Conservateur des archives, pour ces informations (courrier du 7-4-1992).

9   Jules Emily, 1891, Contribution à l'étude clinique des altérations de la peau chez les vieillards, Faculté de médecine et de pharmacie de Bordeaux. Emily, né le 20-03-1866 à Olmeto
(Corse), était de trois jours le cadet de Rousseau...

10   Emily prit part à la marche vers Fashoda de 1896 à 1899 en compagnie de Mangin (cf. note

41   du chapitre intitulé « Djenné et la conquête du Soudan »). Il acheva sa carrière militaire en
tant que Médecin Inspecteur Général (Emily, 1926/27).

11   A ma connaissance, nous n'avons de la mosquée de Cheikou Ahmadou qu'une seule autre
photo, prise par Felix Dubois et publiée par lui comme gravure (1897 : 184-85). La carte postale de Simon « Niger – Un convoi de porteurs » [Photo 111] nous montre une portion de la
façade nord sur laquelle on distingue l'escalier qui mène à la terrasse. Landor (1907 : opp.
p. 460) se tint sur la terrasse de cette mosquée pour prendre ses photos des maisons de no-
tables. On peut actuellement encore voir le haut de l'escalier [Photo 135].

12   En ce qui concerne l'histoire de l'ancienne mosquée de Djenné, voir Bougeois, 1987 ; Maas
et Mommersteeg, 1992 : 167-171.

13   Cet article est un ensemble de lettres qu'un certain Ludovic Hugot écrivit à ses parents : il fut
publié avec l'autorisation de « M. le Ministre de la marine » par la rédaction d'« A travers le
monde », dans un supplément intitulé « Le tour du monde ». Cet article qui ne donne ni le nom
de ses camarades, ni la date de son séjour comporte de nombreux points d'ombre. Nous ne
savons pas qui était le Ludovic Hugot. A coup sûr, il ne s'agit pas de Louis Hugot, dont la présence est souvent attestée en d'autres lieux et qui décéda le 27-7-1897, dans l'actuel Burkina
Faso, victime d'une maladie.
Ce Louis Hugot mena à terme les campagnes de 1889/1890 et 1891/1892 et ne revint au
Soudan qu'en 1896. Dans le meilleur des cas, il aurait pu se trouver au plus tard au Soudan
vers avril 1893 – soit bien avant la parution de cet article – déjà capitaine. Ludovic Hugot a-
t-il réellement été à Djenné ? La question n'est pas claire. Ce nom n'apparaît nulle part.
L'article mentionne des faits qui attesteraient un séjour en 1894/1895. Il est par exemple
question de la visite à Djenné du Gouverneur civil Grodet. La tournée de Grodet eut cependant lieu au début de l'année 1895 (cf. BCAF 12, 1894 : 215 ; Gouraud, 1939 : 54).
J'en déduis que Ludovic Hugot pourrait être un pseudonyme et que la rédaction a pu produi-
re un article à partir d'un volumineux courrier, sans respecter la chronologie des faits. En ce
qui concerne Louis Hugot, voir Méniaud, 1931, I : 103 et II : 260 ; nommé Chevalier de la
Légion d'honneur en tant que capitaine, cf. BCAF 4, 1893 : 11 ; sa correspondance et son
journal ont été publiés, cf. BCAF 8, 9, 10, 11, 1901.

14   Hugot 1895 : 215.

15   L'héliogravure était une technique d'impression qui permettait de reproduire une photo sans
réduction et de l'accompagner d'un texte. Le procédé était le suivant : sur une planche de poi-
rier finement polie, on étendait une fine couche de gélatine photosensible sur laquelle le
négatif était ensuite projeté. Un technicien spécialisé devait alors graver l'image dans le bois :
ce qui signifie que la rédaction de la revue devait être en possession d'un négatif ; dans le
cas contraire, un négatif devait être établi à partir du document papier.

16   La photo falsifiée a été publiée à une seconde reprise par la rédaction d'« A travers le
monde », dans un article de Georges Bastard qui se fit indûment passer pour le photographe.
(cf. Bastard, 1900 : 138). Bourgeois (1987) semble avoir eu connaissance de l'article de
Bastard mais pas de celui de Hugot, 1895.

17   Les vingt-cinq photos non publiées sont, soit de mauvaise qualité technique, soit prises ailleurs qu'à Djenné. Quelques photos ont par exemple été prises à Ségou. L'album comporte
trente-cinq feuillets, soit soixante-dix pages. Sur chaque page, figuraient des fenêtres dans
lesquelles les photos devaient être glissées. En réalité, l'album contient cent photos dont
trois sont en double. Les formats des photos sont les suivants : 5 x 3,5 cm (quarante-trois photos et cinq manquantes réparties sur six feuillets – douze pages – comportant chacune, quatre
fenêtres) ; 10 x 7 cm (soit trente-quatre photographies – aucune manquante – réparties sur
dix-sept feuillets, soit trente-quatre pages) ; 15,5 x 10,5 cm (soit vingt-trois photos – une
manquante – réparties sur douze feuillets, soit vingt-quatre pages). Une photo de petit format et une de format moyen sont également présentées dans des tirages au bromure d'argent. Cela nous indique que Rousseau est parvenu à rapporter ses négatifs en France.
Rousseau a, selon toute vraisemblance, travaillé avec des plaques de verre traitées au bromure d'argent. En 1888, Kodak mit sa première pellicule sur le marché (Lederbogen, 1989 :
494) mais il est peu probable que Rousseau ait déjà été en possession de ce matériel moderne. Indépendamment de l'identité de Ludovic Hugot, le passage de la lettre montre que
Rousseau travaillait avec son propre appareil et non avec du matériel de l'armée. Dans la plupart des cas, les yeux des sujets sont extrêmement nets ce qui indique que Rousseau travaillait avec du bon matériel et qu'il utilisait des temps de pose plutôt courts.

18   Un officier, un morceau de viande à la main, jouant avec une lionne ; une photo montrant trois
tombes fraîchement refermées où les noms viennent d'être provisoirement inscrits à la main
sur des cartons – seul le nom de Dugast est lisible ; trois vues du campement français à
Djenné couleurs au vent ; une vue du fort de Ségou qui fut érigé en 1890/1891 par Underberg,
sur les lieux du palais d'Ahmadou ; deux photos d'officiers français en compagnie de tirailleurs, manœuvrant dans les hautes herbes ; une pirogue cousue portant un canon.

19   Au moins dix-neuf métiers ou professions spécialisées sont représentés.

20   Cf. Johnson, 1970.

21   Gardi, 1985 : 59. Bien entendu, les pièces d'argent circulaient bien auparavant. Plusieurs
photos de Rousseau montrent des pièces de cinq francs utilisées comme bijoux.

L'ALBUM D'ALBERT ROUSSEAU

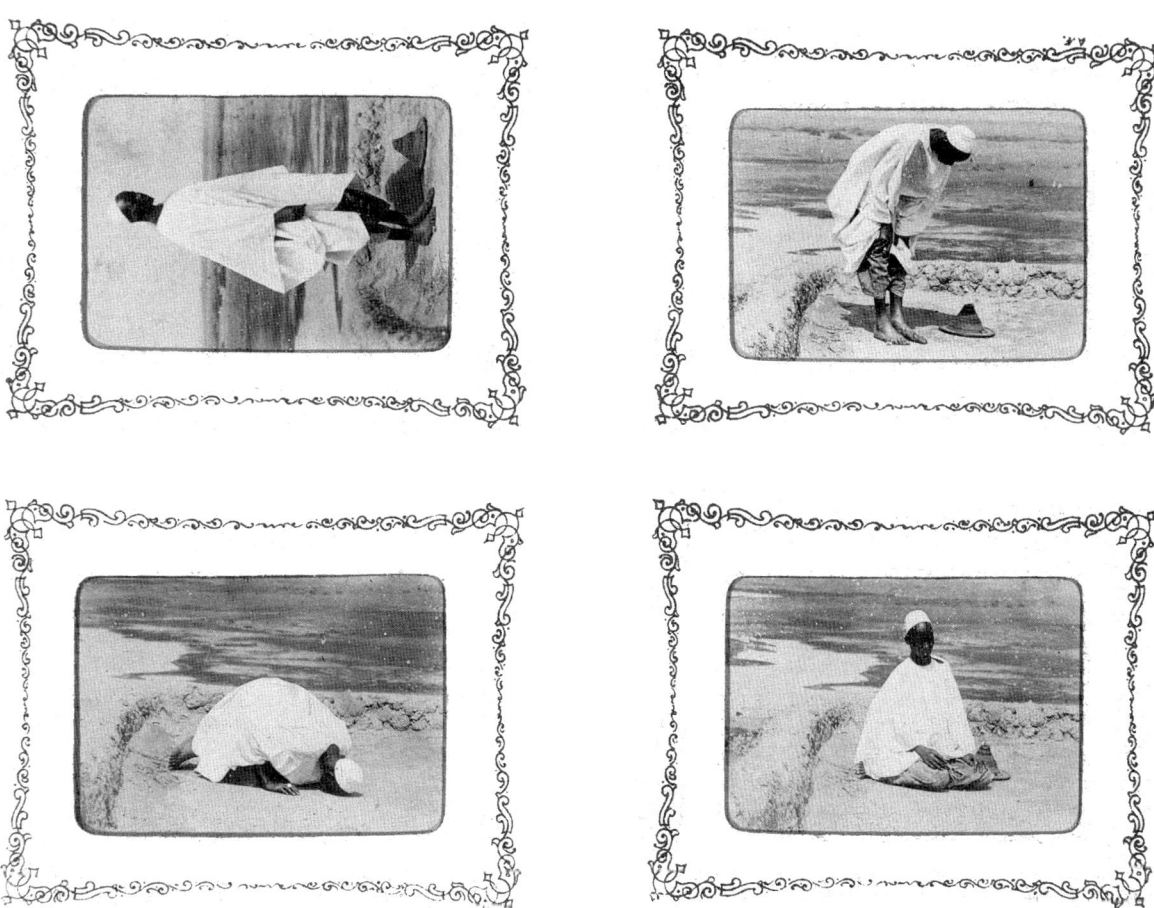

001 La première page de l'album de Rousseau, reproduite ici dans son intégralité, contient quatre photographies représentant un homme en prière et illustrant les quatre positions prises au cours de la prière rituelle musulmane (*salât*). Il semble que Rousseau en présentant comme entrée en matière ces photos de prière, ait voulu souligner l'influence de l'Islam sur la vie quotidienne de Djenné. *(L'album contient quarante-trois photos du même format : 5 cm. sur 3,5 cm.)*

52

002 Trois des quatre garçons portent l'habillement spécial imposé à l'occasion de la fin d'une période de deux semaines d'isolement commun suivant leur circoncision. Deux d'entre eux portent la couverture qui fait partie de cet habillement. Un jeune homme porte une pièce d'étoffe de coton blanc jetée sur son épaule, un autre une pièce d'étoffe - nommée *munnyuure* - avec des ornements blancs sur fond indigo. Le petit garçon au centre porte des souliers de luxe en cuir.

003 Ce vieil homme vend probablement des couvertures.

53

004 Deux forgerons travaillent à une porte dite de Tombouctou. De telles portes agrémentées de clous en fer à grosse tête constituaient un des détails caractéristiques de la ville de Djenné. Monteil *(1903 : 194 ; 225)* écrit que ces portes 'dans le goût du Maroc' étaient importées de Tombouctou, mais également fabriquées à Djenné.

005 Monteil (1903 : 196) s'étonnait du peu d'outillage que possédaient les maçons de Djenné. Outre leurs mains, les maçons utilisaient seulement « une manière de palette en fer, emmanchée au bout d'un vieux canon de fusil : ils l'emploient comme un pic, pour tailler les briques ou la maçonnerie ». Sur cette photo, c'est cet outil qu'un maçon utilise pour démolir un mur.

54

006 Un boucher devant sa boutique sur le marché. Sa marchandise fraîchement abattue est étalée sur des branches piquées dans le sol *(voir également photo 49)*.

007 Deux ouvriers en maçonnerie mélangent argile et eau avec leur houe pour en faire du mortier.

55

008 Une marchande assise devant son étal de marché. C'est l'une des rares photographies de Rousseau qui donne l'impression que la personne photographiée a honte.

009 C'est l'une des nombreuses photographies de l'album de Rousseau qui montrent la richesse des habitants de Djenné. La parure de cette jeune femme est ornée d'or, d'argent, d'ambre, de perles de verre importées d'Europe et de cauris.

010 Chantier. Autour de trois ou quatre maîtres-maçons occupés à façonner des murs, s'affairent des ouvriers et des apprentis maçons qui préparent le mortier à base d'argile et d'eau et le transportent sur leur tête dans de petits paniers.

011 Sur cette photo mise en scène, posent un joueur de balafon et un percussionniste. Le tambour à corde *(taman)* devrait en fait être tenu à l'horizontale, coincé sous le bras. Les deux musiciens sont sans doute originaires d'un village des environs de Djenné.

012 Un vieil homme, probablement en train de tresser le fond d'une très grande corbeille destinée à conserver des céréales ou du poisson séché.

013 Trois femmes montrent la fabrication du fil de coton. De gauche à droite : l'égrenage, le cardage et le filage. L'égrenage s'effectue sur une pierre. Les graines de coton sont égrainées à l'aide d'une tige de fer. L'outil à carder est d'origine européenne. La quenouille est appesantie par une petite fusaïole en terre cuite

014 Deux tisserands tissent sur leur métier de très étroites et très longues bandes de coton. Pour coudre un vêtement, on assemble ces pans étroits les uns aux autres.

015 L'homme assis à gauche est en train de broder. Il brode probablement avec un fil de soie blanche sur un fond de coton blanc. Les vêtements richement brodés étaient une des plus importantes spécialités de Djenné et de sa ville-soeur Tombouctou. Le tissage était une activité beaucoup moins importante. La fabrication d'un boubou *tilbi* brodé pouvait prendre de deux à trois ans.

016 Assis dans son atelier, un artisan spécialisé dans le travail du cuir montre son outillage. On peut voir, entre autres, des ciseaux fabriqués localement et la grosse pierre plate sur laquelle travaille l'artisan. Ce dernier outil montre que l'homme se considère comme un Arma et se dit descendre des Marocains qui ont régné sur Djenné deux siècles durant après la fin du XVIe siècle. Les produits de luxe de cet artisan comprenaient des bottes brodées, des babouches et des selles de cheval.

017 Les cordes et les ficelles étaient utilisées à des fins très diverses, par exemple pour maintenir entre elles les planches d'une pirogue ou pour fabriquer des filets de pêche. Le matériel utilisé était la fibre d'hibiscus ou l'écorce de baobab.

018 L'homme du milieu est un autre artisan spécialisé dans le travail du cuir d'origine Arma *(voir photo 16)*. Il montre une botte qui est sans doute de sa propre fabrication. La seconde botte gît sur le sol. Devant lui, une pierre plate est nettement visible. A la droite de celle-ci se trouve le couteau de l'artisan qui a la forme d'une gâche. L'homme de droite a une babouche à la main.

019 Trois jeunes pêcheurs Bozo montrent leurs filets de pêche. Les Bozo pêchent avec un filet dans chaque main : l'un sert à pêcher et l'autre à recueillir les poissons pris.

020 A la fin de la saison de pêche, quand les eaux des marigots et du Bani avaient suffisamment baissé, de grandes pêches collectives se déroulaient. Au cours de cet événement, particulièrement solennel pour les jeunes gens, s'effectuait la dernière pêche. Les plus petits poissons étaient ramassés dans des calebasses flottant à la surface de l'eau, tandis que les prises plus grosses étaient chassées vers des filets tendus en travers de la rivière.

021 Jeunes filles et fillettes dans leurs plus beaux habits et parures.

022 Dans un coffre richement décoré le photographe a disposé deux enfants.

023 Femmes luxueusement habillées frappant des mains lors d'une danse. Il pourrait s'agir d'une cérémonie de mariage.

024 Trois prisonniers.

025 Quatre tisserands ont adossé leurs métiers à tisser contre une maison à un étage. Les façades de deux maisons monumentales sont visibles à l'arrière-plan. C'est l'une des deux photographies de l'album de Rousseau qui montrent des maisons classiques de Djenné. Rousseau s'intéressait apparemment plus aux personnages et à leurs activités qu'à l'architecture.

60

026 L'identité du sujet de cette photo est inconnue. Ce doit être un soldat plutôt qu'un chasseur. Appartient-il aux troupes auxiliaires que recrutaient les Français pour chaque campagne ? A cette époque, la possession d'un fusil français était réservée aux forces françaises. Cette photographie a peut-être été prise ailleurs qu'à Djenné.

027 Un chasseur avec son arc et ses flèches. Photo probablement prise ailleurs qu'à Djenné.

028 Un homme pose pour le photographe revêtu d'un magnifique boubou *lomasa* brodé. La fabrication de ces vêtements de luxe était une spécialité des Soninké des environs de Nioro.

62

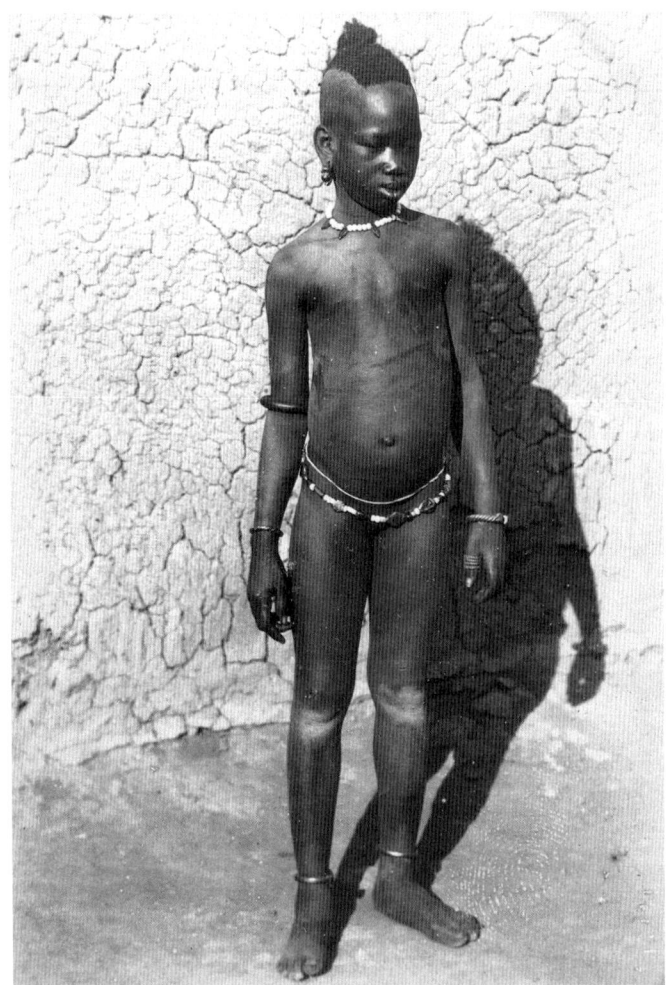

029 Fillette.
(Cette photographie est la première d'une nouvelle série de l'album de Rousseau comportant surtout des portraits. Il y a là 17 feuilles avec un total de 34 photographies de format moyen : 10 cm sur 7 cm.)

030 Les bijoux que cette jeune femme porte sont le signe d'une considérable opulence. Le lourd pendentif en forme de losange est en or pur, tout comme le bijou qu'elle porte autour du cou et les nombreuses petites boucles d'oreille.

031/032 Une fillette avant et après la séance de coiffure. Il semblerait que Rousseau ait voulu montrer à son entourage la façon dont les Africains traitaient leur chevelure.

64

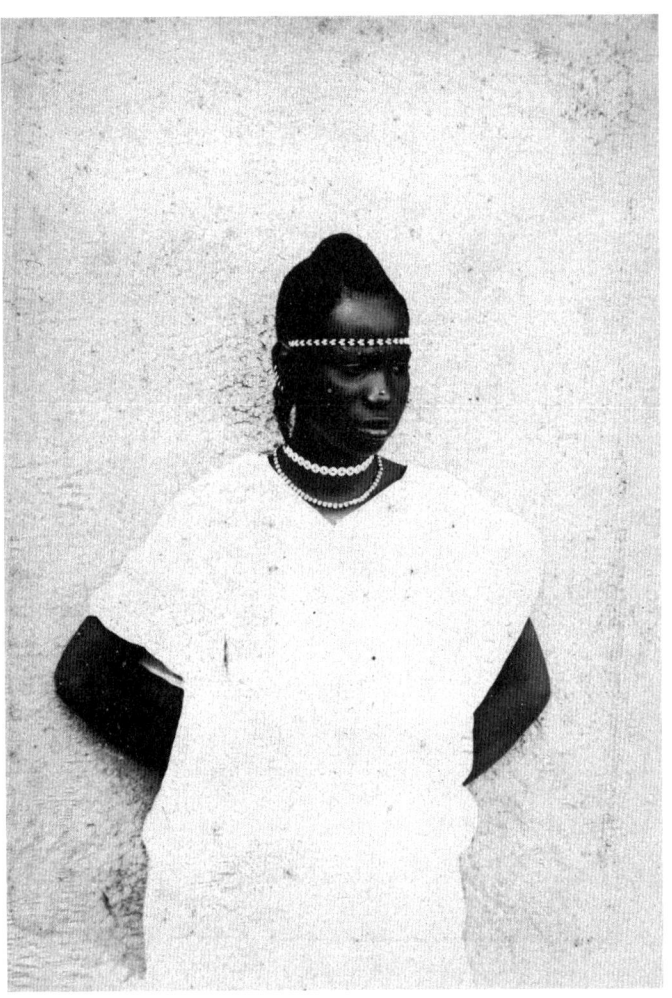

033 Les deux colliers, très simples, et le rang de très petites perles de verre autour de la tête sou-lignent l'élégance de cette jeune femme.

034 L'aspect dynamique de cette photo vient en partie du vêtement, à première vue simple, que porte la jeune femme. Sa robe est faite de deux rectangles de tissu identiques, d'origine européen-ne, inversés. La position d'un pan par rapport à l'autre brise la symétrie du motif de rayures.

035 Les bijoux que porte cette femme sont particulièrement mis en relief par le soleil.

036 Vendeuse de lait ou de lait caillé.

66

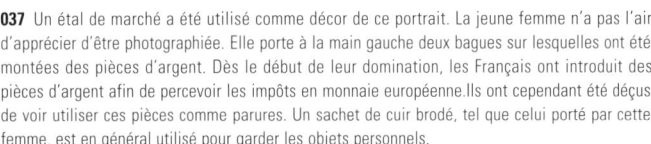

037 Un étal de marché a été utilisé comme décor de ce portrait. La jeune femme n'a pas l'air d'apprécier d'être photographiée. Elle porte à la main gauche deux bagues sur lesquelles ont été montées des pièces d'argent. Dès le début de leur domination, les Français ont introduit des pièces d'argent afin de percevoir les impôts en monnaie européenne. Ils ont cependant été déçus de voir utiliser ces pièces comme parures. Un sachet de cuir brodé, tel que celui porté par cette femme, est en général utilisé pour garder les objets personnels.

038 Le tissu que cette femme porte était sans doute à la mode du temps de Rousseau. On le retrouve en effet à de nombreuses reprises dans ses photographies.

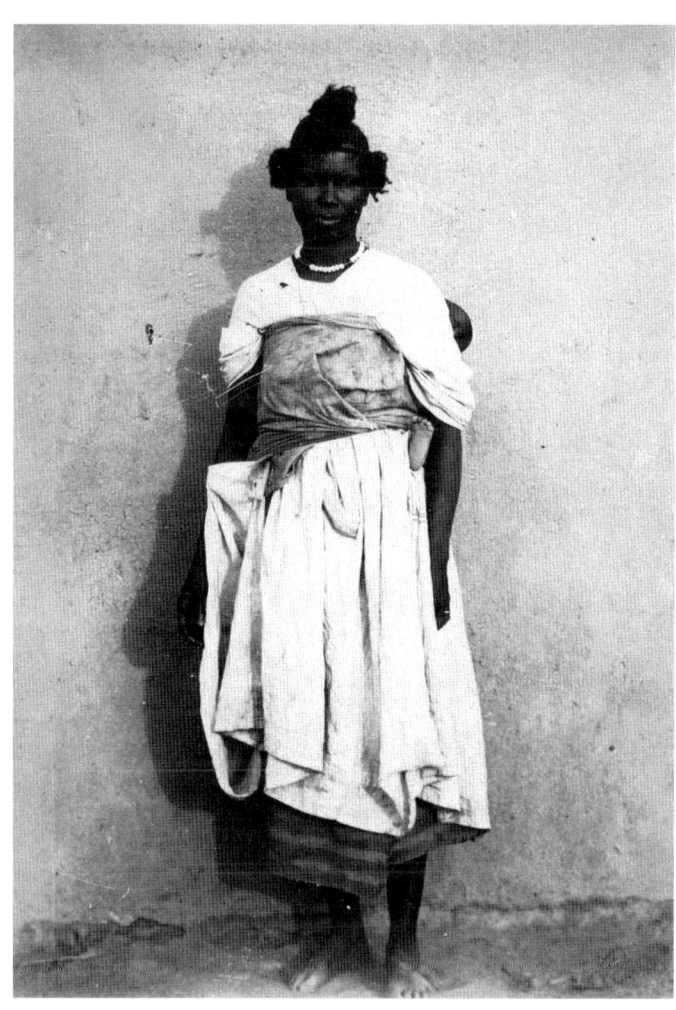

039 Une mère et son bébé. Sa coiffure est composée de six grosses touffes. Une sur le front, deux sur le sommet de la tête, une sur la nuque et à l'avant de chaque oreille. Entre les touffes, les cheveux sont tressés à plat sur le crâne. Ainsi que l'écrit Monteil *(1903 : 124)*, cette coiffure était très répandue parmi les femmes de Djenné.

040 En faisant poser la mère et son bébé de profil, le photographe montre la façon de porter les enfants sur le dos, enveloppés dans une pièce d'étoffe.

68

041 Deux vieilles femmes.

042 Deux vieillards. Tous les deux sont en grande tenue. Celle-ci comporte un boubou, un turban et une couverture jetée sur une épaule. Les poches triangulaires situées sur le devant sont probablement remplies de noix de cola. Les bâtons qu'ils arborent indiquent qu'ils sont tous les deux chef de famille.

043 Un homme en grande tenue. Il porte un boubou blanc par-dessus un vêtement sombre.

044 Son simple vêtement ne cache pas la forte personnalité de ce vieil homme très distingué.

045 Pour construire, on empilait des briques cylindriques façonnées à la main. Selon la place qu'occupe un mur dans la maison, il a une épaisseur de quatre ou six briques. A cette époque, les briques rectangulaires étaient encore inconnues à Djenné.

046 Elèves d'une des nombreuses écoles coraniques primaires qui se trouvaient dans la ville, assis devant l'entrée de leur école, avec les tablettes où sont inscrits les versets du Coran. Les leçons étaient souvent données dans le vestibule de la maison du maître, le marabout, qui est sans doute la personne assise à droite au premier rang.

047 Cette image est étonnante. Il semblerait qu'un barbier soit sur le point de raser les cheveux d'une femme en public près du marché. La signification de cette scène nous est inconnue.

048 Un de ces quatre hommes au moins doit être un « banquier ». Les six tas de cauris en face de lui sont son capital. « Pour nos monnaies d'argent depuis la pièce de 5 francs jusqu'à celle de 50 centimes, le changeur donne par centaines et milliers des coquillages et réciproquement » écrit Dubois *(1897 : 204)*. D'après Monteil *(1903)* le taux de change, quoique fluctuant selon les saisons, était d'environ dix cauris pour un centime.

74

049 Trois femmes devant un étal de boucher sur la place du marché. La viande de mouton et de chèvre est présentée sur des branches piquées dans le sol.

050 Comme les arbres ont toujours été rares dans la région du delta intérieur du Niger, des planches assez étroites devaient être assemblées afin de former la coque des embarcations d'assez grande dimension. Il semble que cette pirogue énorme vienne d'être réassemblée pour le voyage suivant. Monteil *(1903 : 189)* écrit que ces grandes barques, qui n'existaient déjà plus de son temps, ne faisaient le voyage de Tombouctou qu'une fois par an et devaient être entièrement recousues après chaque voyage *(voir également photo 68)*.

76

051 Ceci est probablement l'endroit où les troupes françaises attaquèrent la ville. Près de là se trouve le tombeau de la vierge Tapama qui fut, selon la légende, emmurée vivante lors de la fondation de Djenné. L'image montre clairement qu'à certains endroits, le mur d'enceinte était inexistant et que les vides étaient comblés par la façade arrière des maisons.

052 Ceci est la seconde image de l'album de Rousseau montrant une façade monumentale de Djenné. Dans la région, cette façade est quali-fiée de marocaine en souvenir de la suprématie marocaine pendant le XVIIe et le XVIIIe siècle.

053 Les ruines de la première mosquée de Djenné. Une partie du mur septentrional *(à droite)* et oriental *(à gauche)* a été incorporée à la nouvelle mosquée érigée en 1906-1907.

054 En 1833-1834, le chef peul Cheikou Ahmadou, fondateur de l'Etat théocratique de Macina, fit bâtir une nouvelle mosquée en face de l'ancienne. L'architecture sobre de celle-ci reflétait ses idées orthodoxes. La photo a été prise de côté ouest, montrant une entrée qui donne sur la cour de la mosquée.

80

055 Une barre de sel est montrée. L'inscription en arabe consiste de deux des « plus beaux noms » de Dieu : « Oh, mon Maître ; le Guide ». Il est possible que cette invocation à Dieu ait ici le même objectif que les amulettes écrites, c'est-à-dire appeler la protection divine, dans ce cas précis, à l'intention des caravanes de sel. Le sel - extrait à Taoudenni, à 600 kilomètres au nord de Tombouctou - était de loin la marchandise la plus importante du commerce entre Tombouctou et Djenné. En une année 6 à 8 000 barres étaient acheminées vers Djenné. Chaque barre pesait entre 25 et 40 kilogrammes. A Djenné le prix d'une barre de sel était de 35 à 50 francs, soit l'équivalent d'environs 350 kilogrammes de riz décortiqué *(Monteil 1903 : 221)*.

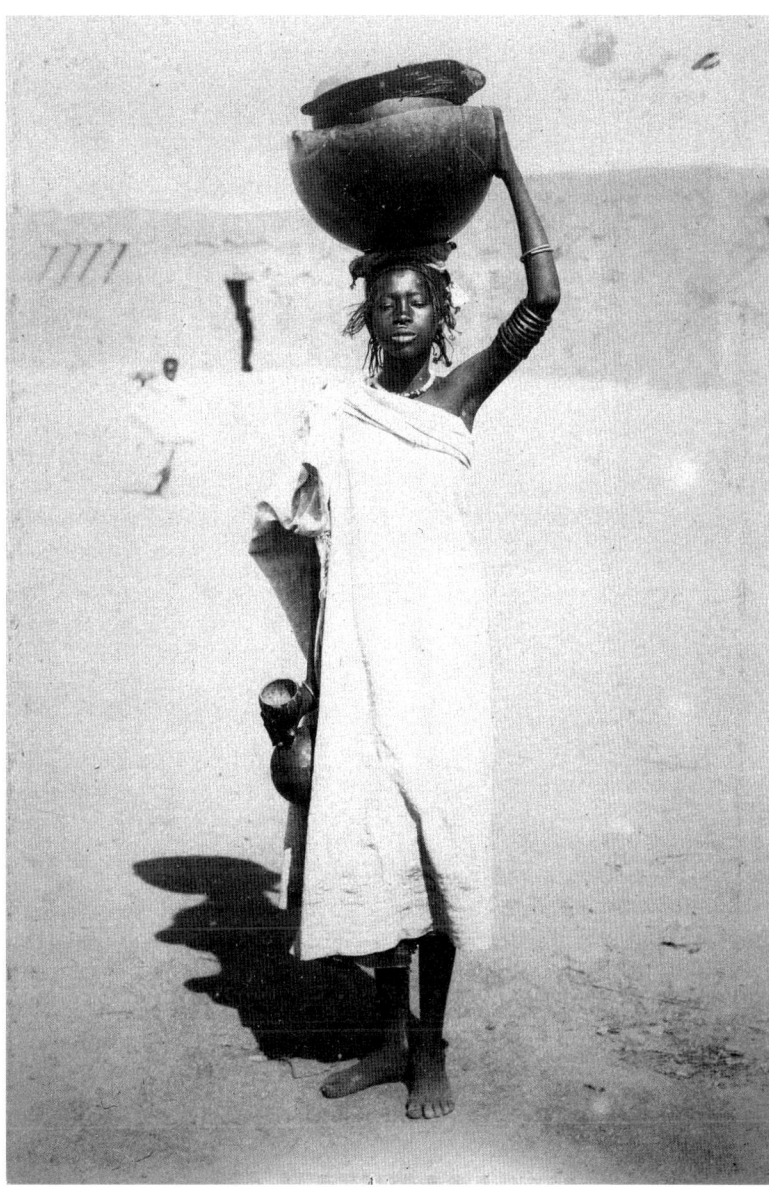

056 Vendeuse de lait.
(Cette photographie est la première de la troisième et dernière série de l'album de Rousseau. Cette série contient
12 feuillets comportant un total de 23 photographies de grand format, soit 15,5 cm sur 10,5 cm.)

057 Portrait d'une femme arborant une coiffure très élaborée. Pour réaliser ce genre de cimier, il fallait enrouler de fines mèches de cheveux autour de fibres résistantes.

058 Parmi les nombreux bijoux qu'arbore cette femme, nous voudrions en présenter quelques-uns. En particulier : dans la coiffure sont incorporés des cauris et des perles de corail et d'ambre ; l'oreille droite de la femme est ornée de nombreux petits anneaux d'or, tandis que deux globes d'ambre, de grosseurs différentes, sont fixés au lobe ; deux bagues sont décorées de grandes pièces d'argent.

84

059 Dans l'album de Rousseau, un ensemble de cinq photographies montre la résidence française sous différents angles. La première photographie offre une vue générale de ce site depuis les abords de la ville. La résidence avait été construite dans la partie nord de la ville, sur l'emplacement même où les Toucouleur avaient établi leur quartier général. C'est là le point le plus élevé de la butte de Djenné.

85

060 La seconde image montre l'arrivée d'un voilier français. On aperçoit la résidence française à l'arrière-plan.

86

061 La troisième image présente l'intérieur de la résidence française d'un point de vue général.

062 Pendant la saison chaude un très vaste abri donnait de l'ombre. C'est la quatrième photographie de l'ensemble montrant la résidence française.

063 La dernière photographie de cet ensemble montre le drapeau tricolore flottant sur le toit de la résidence française. Ce groupe de bâtiments avait sans doute été la résidence du chef toucouleur.

064 Un boutiquier du marché étale ses marchandises : on peut voir entre autres des bracelets de pacotille, des rangs de perles de verroterie, une paire de cardes, des cauris, une pipe européenne et du savon.

065 Au centre de l'image, la place du marché. « Le marché occupe au centre de la ville un grand rectangle quadrillé régulièrement d'allées ...

066   ... et de larges tertres, ceux-ci pour le stationnement des vendeurs, celles-là pour la circulation des acheteurs. En outre, des rangées de boutiques bordent la place sur trois côtés. La quatrième face n'est point bâtie : elle s'ouvre sur la mosquée. » (Dubois 1897 : 203). On peut effectivement voir la mosquée de Cheikou Ahmadou en arrière-plan.

92

067 Des pirogues de taille moyenne furent utilisées par le colonel Archinard pour transporter ses troupes. Dans la pirogue de droite on peut voir un canon et ses roues.

068 C'est sans doute là une des dernières très grandes pirogues de Djenné. En 1903, dix ans après la prise de cette photo, Monteil écrivait que les énormes pirogues dont il avait entendu parler n'existaient plus à Djenné mais que, peu avant, il existait encore une douzaine de barques qui pouvaient prendre un chargement de quinze à vingt tonnes environ. En 1897, Dubois décrit des embarcations mesurant de dix-huit à vingt mètres de longueur sur trois de largeur et jaugeant de vingt à trente tonnes *(voir également photo 050).*

94

069 Deux orfèvres et un apprenti avec son soufflet posent pour le photographe. Sur l'enclume, au centre, une clé européenne est en cours de fabrication. Une pince a été plantée à la verticale dans le sol.

LES CARTES POSTALES

SOUDAN FRANÇAIS. - Une Rue de Djenné

070 Les faisceaux de bois de palmier et les gargouilles projettent des ombres horizontales qui contrastent nettement avec les structures verticales d'argile de cet impressionnant ensemble urbain. *Carte postale de `Phot. A.B.&C. Nancy', imprimée avant 1903.*

98

SOUDAN FRANÇAIS. - Une Maison de Djenné

071 Cette maison n'a pas été entretenue depuis un certain nombre d'années. Le crépi est en voie de disparition, révélant la maçonnerie sous-jacente.
Carte postale de 'Phot. A.B.&C. Nancy', datée du 27 septembre 1905, imprimée avant 1903.

SÉNÉGAL et SOUDAN. – Fabrique de Pirogues cousues

072 Quoique rien ne l'indique dans la légende, nous pensons que cette image a bien été prise à Djenné.
Carte postale de `Phot. A.B.&C. Nancy', imprimée après 1903.

073 Jeunes filles bambara venues de villages des environs, en visite à Djenné.
Carte postale de la SFE (Société Française d'Edition), imprimée avant 1903.

COLONIES FRANÇAISES   SÉNÉGAL ET SOUDAN

DJENNÈ. — Vue de la ville

074 Le bâtiment peu élevé qui se dresse à l'arrière-plan est sans doute le marché, alors situé dans le centre de la ville. La maison monumentale, à droite, est en mauvais état. Le crépi en argile a été endommagé par plusieurs saisons de pluies et ne protège plus les briques cylindriques.
Carte postale de la SFE (Société Française d'Edition) imprimée avant 1903.

102

Colonies Françaises.
SÉNÉGAL-SOUDAN. — Maison du Chef de la Ville de Djenné

H. Danel, à Kayes

075 Ceci est probablement l'une des plus belles cartes postales jamais réalisées de Djenné. Elle montre la maison de la famille Mayga, une des familles dirigeantes de la ville. Il s'agirait, selon la tradition, de la plus ancienne maison de Djenné *(voir également photo 129)*.
Carte postale de `H. Danel, à Kayes', environ 1904.
(Danel, avec Simon l'un des tout premiers négociants français établis à Djenné, a publié plus de cartes postales de cette ville que tout autre éditeur.
Nous publions ici trente-quatre de ses cartes postales. La plupart de celles-ci ont plutôt l'air de photos d'amateur que de clichés professionnels.)

Colonies Françaises.

H. Danel, à Kayes

SÉNÉGAL-SOUDAN. — Maison de Djenné.

076 Un palmier doum, typique du Nord du Mali, devant une maison. Cette maison était également photographiée par Rousseau *(voir photo 52)*.
Carte postale de `H. Danel, à Kayes', environ 1904.

COLONIES FRANÇAISES

SENÉGAL-SOUDAN — Ruines de la Mosquée de Djenné

H. Danel, à Kayes

077 L'angle nord-est des ruines de la première mosquée de Djenné, photographié de l'intérieur *(voir également photos 53 et 132)*. Remarquer le palmier doum tout à gauche.
Carte postale de `H. Danel, à Kayes´, environ 1904.

COLONIES FRANÇAISES

SÉNÉGAL-SOUDAN — Une Vue de Djenné

H. Danel, à Kayes .

078 Cette photographie a probablement été prise dans le même secteur que la précédente. Remarquer le même palmier doum, cette fois-ci à droite. *Carte postale de `H. Danel, à Kayes', environ 1904.*

H. Danel, à Kayes

Colonies Françaises. — SÉNÉGAL-SOUDAN. — Panorama de Djenné.

079 De nouveau, on peut nettement voir le même palmier doum. Ceci indique que cette photographie montre une partie du bas-fond en face des ruines de l'ancienne mosquée.
Carte postale de `H. Danel, à Kayes', environ 1904.

Colonies Françaises.
SÉNÉGAL-SOUDAN. — Une mare près de Djenné.

080 Vue prise depuis la périphérie de Djenné.
Carte postale de `H. Danel, à Kayes', environ 1904.

108

Colonies Françaises. — SÉNÉGAL-SOUDAN. — Port de Djenné.

081 Durant six à sept mois, le niveau du fleuve était assez élevé pour que l'on puisse décharger les pirogues aux abords mêmes de la ville.
Carte postale de `H. Danel, à Kayes', environ 1904.

Colonies Françaises.

H. Danel, à Kayes

SÉNÉGAL-SOUDAN. — Pirogue cousue de Tombouctou.

082 Le commerce avec Tombouctou était de première importance pour l'économie de Djenné. Son organisation s'effectuait grâce à la présence de représentants des familles de marchands djennenkés à Tombouctou.
Carte postale de 'H. Danel, à Kayes', environ 1904.

110

Colonies Françaises.

H. Danel, à Kayes

SÉNÉGAL-SOUDAN. — Sur le Fleuve : Convois de riz
se dirigeant sur Tombouctou.

083/084 Des pirogues de ce type voguant en flottille était fréquemment envoyées par les Français vers Tombouctou afin de ravitailler leurs troupes.
Le voyage durait de dix à quinze jours. Un piroguier recevait un salaire de dix mille à douze mille cauris *(Monteil, 1903 : 242).*
Cartes postales de `H. Danel, à Kayes', environ 1904.

Colonies Françaises.

H. Danel, à Kayes

SÉNÉGAL-SOUDAN. — Convoi de Pirogues sur le Niger.

085 Les trois images suivantes ont été prises approximativement de la même position. Elles montrent le marché quotidien au centre de la ville. *Carte postale de `H. Danel, à Kayes', environ 1904.*

COLONIES FRANÇAISES

SÉNÉGAL-SOUDAN — Marché de Djenné

H. Danel, à Kayes

086 Tandis que les hommes tenaient boutique, les femmes étaient assises en plein-air au centre de la place du marché *(voir également photos 65 et 66)*. *Carte postale de `H. Danel, à Kayes', environ 1904.*

114

Colonies Françaises. — SÉNÉGAL-SOUDAN. — Marché de Bamako.

087 La légende de la carte postale est erronée : ici il s'agit en fait du marché de Djenné.
Carte postale de 'H. Danel, à Kayes', environ 1904.

088 L'homme qui se tient au centre de l'image porte un boubou du même type que celui de l'homme représenté sur la photo 28 de l'album de Rousseau. *Carte postale de `H. Danel, à Kayes', environ 1904.*

COLONIES FRANÇAISES

H. Danel, à Kayes

SÉNÉGAL-SOUDAN — Indigènes apportant l'impôt en nature (mil, riz)

089 Les sept cartes postales suivantes représentent des scènes de paiement d'impôts en nature. Les impôts étaient payés à l'intérieur d'un cercle administratif. Grâce à la photo 61 de l'album de Rousseau nous savons que ces sept photos ont été prises à l'intérieur de la résidence française.
Carte postale de `H. Danel, à Kayes', environ 1904.

COLONIES FRANÇAISES

SÉNEGAL-SOUDAN — Au Marché

H. Danel, à Kayes

Souvenir du « Petit Français illustré ».

090 Nous voyons non pas une scène de marché, mais le pesage de céréales en tant que contribution aux impôts.
Carte postale de `H. Danel, à Kayes', environ 1904.

118

COLONIES FRANÇAISES

SÉNÉGAL-SOUDAN — Femmes indigènes   H. Danel, à Kayes

091 La manière dont les gens sont habillés indique qu'ils viennent de villages environnants. Eux aussi devaient payer leurs impôts à Djenné.
Carte postale de 'H. Danel, à Kayes', environ 1904.

SÉNÉGAL-SOUDAN — Djenné - Marché aux grains

H. Danel, à Kayes

COLONIES

092 Ici non plus nous n'assistons pas à une scène de marché, mais au paiement d'impôts en nature. « Dans une bonne année, l'administration *(du Cercle de Djenné)* a reçu à l'impôt 600 tonnes de gros mil et 300 tonnes de riz. » *(Monteil 1903 : 216).*
Carte postale de `H. Danel, à Kayes', environ 1904.

120

SOUDAN. — Colonies Françaises. Indigènes apportant l'impôt.

093 L'introduction d'une économie monétaire a nécessité un grand nombre d'années. Quoique les pièces d'argent aient été introduites dès le début de la colonisation, les impôts furent payés en nature bien après l'avènement du XXe siècle. Le riz et le mil furent d'abord utilisés pour l'alimentation des troupes et de leur bétail, plus tard pour celle du personnel administratif. Le riz fut exporté vers le Sénégal dès que le chemin de fer atteignit Bamako en 1904. *Carte postale de `H. Danel, à Kayes', environ 1904 (coll. Georges Meurillon).*

Colonies Françaises.
SÉNÉGAL-SOUDAN. — Djenné. - Indigènes apportant l'impôt.

H. Danel, à Kayes

094 Cette scène se passe devant le portail de la résidence française *(voir également photo 96)*.
Carte postale de `H. Danel, à Kayes', environ 1904.

122

Colonies Françaises.

H. Danel, à Kayes

SÉNÉGAL-SOUDAN. — Djenné - Indigènes apportant l'impôt.

095 Cette photographie a été prise peu avant ou peu après la précédente.
Carte postale de `H. Danel, à Kayes', environ 1904.

COLONIES FRANÇAISES

Paris le 11-6-1906

SÉNÉGAL-SOUDAN — Djenné - Type de maison

H. Danel, à Kayes

096 Du temps de Rousseau, le portail de la résidence n'existait pas encore. Quand on compare cette carte postale à l'une de celles de la collection Fortier *(photo 123)*, on peut constater que les bâtiments représentés font partie de la résidence. Ils ont été construits par des maçons djennenkés sous la domination française.
Carte postale de `H. Danel, à Kayes', environ 1904.

124

097 L'arrière-plan de cette carte postale indique qu'elle a dû être prise à Djenné.
Carte postale de 'H. Danel, à Kayes', environ 1904.

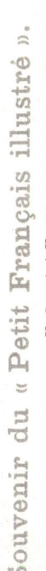

098 Les Bozo sont des pêcheurs sur le Bani et le Niger *(voir également photo 19).*
Carte postale de `H. Danel, à Kayes', environ 1904.

126

Colonies Françaises.
SÉNÉGAL-SOUDAN. — Le Chef de la Ville de Djenné.
H. Danel, à Kayes

Souvenir du « Petit Français illustré ».

COLONIES FRANÇAISES

SÉNÉGAL-SOUDAN — Portrait de chef peuhl

H Danel, à Kayes

099 La légende de cette carte postale est correcte. Hassey Ahmadou Mayga devint le chef de la ville de Djenné en 1888. Il mourut très âgé en 1906.
Carte postale de `H. Danel, à Kayes', environ 1904.

100 Dans le cas présent, la légende est erronée. Ici, nous voyons à nouveau Hassey Ahmadou Mayga, chef de la ville de Djenné. La médaille qu'il arbore est en or pur et a été spécialement frappée à son intention. Le texte qu'elle porte est le suivant : « Ministère des Colonies – Soudan Français - à Asseye Ahmadou Maïgat, Chef du Village de Djenné – Zèle et Dévouement – 1895 ».
Carte postale de `H. Danel, à Kayes', environ 1904.

Colonies Françaises.
SÉNÉGAL-SOUDAN. — Une femme à Djenné.

H. Danel, à Kayes

COLONIES FRANÇAISES

SÉNÉGAL-SOUDAN — Femme de Djenné

H. Danel, à Kayes

101 Il pouvait arriver aux femmes de porter les mêmes boubous que les hommes.
Carte postale de `H. Danel, à Kayes', environ 1904.

102 Cette femme porte à chaque poignet trois bracelets d'argent finement martelé et fermés par des rivets.
Carte postale de `H. Danel, à Kayes', environ 1904.

128

Colonies Françaises.
SÉNÉGAL-SOUDAN. — Le Ramadan : La Prière.

103 Les habitants masculins de Djenné sont ici réunis afin de célébrer la fin du Ramadan par des prières en plein-air *(voir également photo 119).*
Carte postale de `H. Danel, à Kayes', environ 1904.

COLONIES FRANÇAISES

H. Danel, à Kayes

SÉNÉGAL-SOUDAN — Ramadan : Le Cadi lisant le Coran aux fidèles

104 A la fin de cette grande prière, l'imam fait un court sermon et lit quelques citations du Coran. Le terme « Cadi » pourrait être erroné.
Carte postale de `H. Danel, à Kayes', environ 1904.

130

COLONIES FRANÇAISES

SENÉGAL-SOUDAN — Le Cadi se rendant à la Mosquée

H. Danel, à Kayes

105 Il se peut que la légende de cette carte postale induise en erreur et qu'il s'agisse en fait non pas du cadi en route vers la mosquée, mais de l'imam, en route afin de conduire la grande prière illustrée dans les deux cartes précédentes.
Carte postale de `H. Danel, à Kayes', environ 1904.

Colonies Françaises.

H. Danel, à Kayes

SÉNÉGAL-SOUDAN. — Jeunes Gens de Djenné au moment de la Circoncision.

106 Un groupe de garçons tout juste circoncis, à la fin de leur période d'isolement. Tous les garçons portent des vêtements blancs neufs et des amulettes *(voir également photo 2).*
Carte postale de `H. Danel, à Kayes', environ 1904.

132

COLONIES FRANÇAISES

Souvenir du « Petit Français illustré ».
H. Danel, à Kayes

SÉNÉGAL-SOUDAN — Voyage du Gouverneur Général Roume, à Djenné
Sur les Ruines de la vieille Mosquée

107 Le Gouverneur général Ernest Nestor Roume (1902 -1908) lors de sa visite à Djenné le 27 décembre 1903; tournée au Soudan et en Guinée
(novembre 1903 - fin janvier 1904) *(BCAF 1904 : 20, 57 - 58).*
Carte postale de `H. Danel, à Kayes', environ 1904.

COLONIES FRANÇAISES

SÉNÉGAL-SOUDAN — Nos Elégantes de Djenné

H. Danel, à Kayes

108 Un homme habillé à l'européenne. Les deux femmes qui l'entourent, habillées de manière identique, pourraient être ses épouses.
Carte postale de `H. Danel, à Kayes', environ 1904.

134

Niger. — Fillette peuhl

109 La simplicité alliée à la beauté de la parure de cauris que porte cette jeune fille dans sa coiffure est remarquable. Sa robe de coton est d'origine locale.
Carte postale de `M. Simon, Djenné, édit.', environ 1906.
*(Simon fut avec Danel l'un des premiers négociants français à se fixer à Djenné. Ses cartes pos-
tales ont été produites plus tard que celles de Danel mais peu avant celles de Fortier. Nous
publions ici douze des cartes qu'il a éditées. En général, ses légendes sont très imprécises.)*

Niger. — Fillette sonrhaÿ

M. Simon, Djenné, édit.

110 A l'inverse de la jeune fille de la carte précédente, cette jeune Sonray porte une parure très précieuse : en plus des cauris, des perles de verre importées d'Europe et de l'ambre, nous découvrons des perles de corail dans sa coiffure. Le pendentif qu'elle a au cou est creux. Il est composé de minces plaques d'or. L'étui sur sa poitrine pourrait être en argent et contient sans doute une amulette. La boucle d'oreille torsadée est également en or. Nous voyons ici l'une des premières représentations de ce type de boucles d'oreille aujourd'hui encore courantes. L'étoffe du vêtement est d'origine européenne. *Carte postale de `M. Simon, Djenné, édit.', environ 1906.*

Niger. — Un convoi de porteurs

M. Simon, Djenné, édi...

111 Tous ces porteurs transportent sur leurs têtes de lourdes charges, sans doute constituées de céréales, vers l'un des ports de la partie est de Djenné. Ils marchent le long du mur nord de la mosquée de Cheikou Amadou. Ainsi, nous avons là l'une des trois seules images représentant cet important édifice historique qui soient connues jusqu'ici. *(Voir photo 54 ; on trouve une troisième vue du bâtiment dans Dubois, 1897 : 184-185).* *Carte postale de `M. Simon, Djenné, édit.', environ 1906.*

Niger. — Une maison indigène (Djenné)
M. Simon, Djenné, édit.

112 La même maison a déjà été illustrée par Dubois *(1897 : 100 et 147)*. Marty *(1920 : 162)* publie exactement cette même carte postale avec la mention
« Une école coranique ».
Carte postale de 'M. Simon, Djenné, édit.', environ 1906.

138

Niger. — Compteurs de cauries

M. Simon, Djenné, édit.

113 A l'avant, trois hommes sont en train de compter des cauris. Les cauris étaient comptés cinq par cinq. Les grands commerçants avaient des employés assignés uniquement au comptage des énormes quantités de cauris qu'il leur arrivait souvent d'entreposer *(voir également photo 48)*.
Carte postale de `M. Simon, Djenné, édit.', environ 1906.

Niger. — Un marchand indigène de tissus
M. Simon, Djenné, édit.

114 L'intérieur d'une boutique du marché. Des pièces d'étoffe de confection pendent le long du mur. On observera au centre de l'image la broderie autour du col d'un boubou plié.
Carte postale de `M. Simon, Djenné, édit.', environ 1906.

140

Niger. — Un coin de marché

M Simon, Djenné, édit.

115 Marchandes au centre de la place du marché étalant leurs marchandises.
Carte postale de `M. Simon, Djenné, édit.', environ 1906.

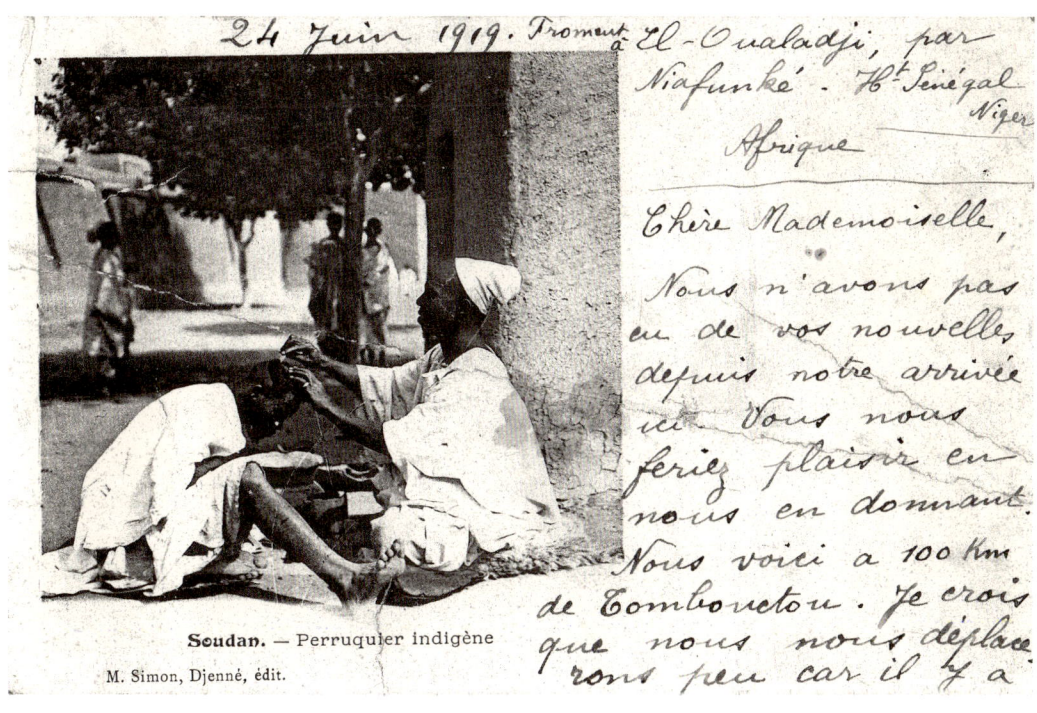

Soudan. — Perruquier indigène

M. Simon, Djenné, édit.

116 Monteil *(1903 : 201)* écrit que, au début du siècle, on payait 20 cauris pour se faire raser la tête.
Carte postale de `M. Simon, Djenné, édit.', environ 1906.

142

Niger. — Un chasseur bozo
M. Simon, Djenné, édit.

117 Les premiers bénéfices de négociants tels que Danel et Simon furent acquis par la vente des plumes d'une petite espèce de héron, l'aigrette. Ces plumes étaient très prisées en Europe où elles étaient utilisées à la décoration des chapeaux de dames. En 1905, un kilogramme de ces plumes rapportait vingt tonnes de riz ou quarante boeufs. Cette année-là, on exportait 750 kg de plumes. A propos des chasseurs qui étaient au service des marchands, Monteil *(1903 : 158)* écrit: « Les chasseurs sont, pour la plupart, d'anciens tirailleurs, que l'on attire et que l'on retient en leur donnant des marchandises à crédit et auxquels on fournit des armes et des munitions. »
Carte postale de `M. Simon, Djenné, édit.', environ 1906.

143

Soudan. — Un bourdame armé de pied en cap

M. Simon, Djenné, édit.

118 Un noble cavalier à Djenné. Une fois de plus on peut voir le palmier doum près de la ruine de l'ancienne mosquée.
Carte postale de `M. Simon, Djenné, édit.', environ 1906 (coll. Georges Meurillon).

144

Soudan. — Grand salam de fête. A genoux
M. Simon, Djenné, édit.

119 Il existe deux événements annuels au cours desquels est célébrée une grande prière : à la fin du Ramadan et lors de la fête du Tabaski, la commémoration du sacrifice d'un bélier par Abraham *(voir également photo 103).*
Carte postale de `M. Simon, Djenné, édit.', environ 1906.

Niger.   Folle et mendiante

M. Simon, Djenné, édit.

145

120 Les invalides et les faibles d'esprit faisaient partie de la vie publique. La charité étant l'un des devoirs sacrés de l'Islam, il était normal de s'occuper d'eux.
Carte postale de `M. Simon, Djenné, édit.', environ 1906.

146

401. Afrique Occidentale ~ SOUDAN — Port de DJENNÉ —· Sur le Bani aux basses eaux
à quatre kilomètres de la ville (à l'Époque des inondations l'eau arrive au pied de la ville)

Fortier, Dakar

121 Cet endroit s'appelle Sanouna ; il se trouve sur la rive du Bani, cinq kilomètres environ à l'est de Djenné. A partir du mois de mars, quand le niveau des eaux était au plus bas, c'est ici que se trouvait, pendant quelques mois, le port de la ville.
Carte postale de Fortier, CGF 401, début 1906.
(Edmond Fortier était le photographe et l'éditeur de cartes postales le plus important de toute l'Afrique Occidentale avant la première guerre mondiale. Sa descente du Niger entreprise en 1905–1906 nous a procuré quatorze splendides vues de Djenné publiées dans sa « Collection Générale Fortier, Dakar » (CGF). Dans la plupart des cas, les légendes de Fortier sont très exactes.)

402. Afrique Occidentale - SOUDAN — DJENNÉ — La Résidence

Collection Générale Fortier Dakar

122 Le bâtiment de la résidence révèle un mélange d'inspiration française et d'architecture traditionnelle de Djenné. Un nouveau style architectural s'est développé dans lequel on retrouve l'agencement d'habitations méditerranéennes derrière des façades de style soudanais traditionnel. Les dimensions exceptionnelles des ouvertures de la façade avant sont nécessaires pour éclairer la véranda qu'elle abrite.
Carte postale de Fortier, CGF 402, début 1906.

148

403. Afrique Occidentale · SOUDAN — DJENNÉ — Place de la Résidence

Collection Générale Fortier, Dakar

123 Depuis l'époque de Rousseau, pendant laquelle les Français utilisaient encore les bâtiments toucouleur, divers édifices coloniaux se sont substitués à la résidence.
Carte postale de Fortier, CGF 403, début 1906.

404. Afrique Occidentale - SOUDAN — DJENNÉ - Le Dispensaire

Collection Générale Fortier, Dakar

124 Le dispensaire devant la résidence est un des exemples des nouvelles constructions coloniales.
Carte postale de Fortier, CGF 404, début 1906.

150

Dans l'image : 405. Afrique Occidentale - SOUDAN — DJENNÉ - Vue d'ensemble

Collection Générale Fortier, Dakar

125 Depuis le toit de la résidence, on aperçoit à droite le dispensaire. A gauche on distingue l'entrée de la résidence. Le centre de la ville est dominé par les ruines de la vieille mosquée. A sa droite un arbre s'élève au milieu du vaste bas-fond qui fait aujourd'hui partie de la place du marché.
Carte postale de Fortier, CGF 405, début 1906.

407. Afrique Occidentale - SOUDAN — DJENNÉ - Habitation d'un Notable

Collection Générale Fortier, Dakar

126 Cette maison a également attiré l'attention de Dubois, qui l'a illustrée à deux reprises dans son livre *(1897 : 102 et 107).*
Carte postale de Fortier, CGF 407, début 1906.

152

127 Ces maisons sont situées en face de la maison de la famille Mayga, sur la même place *(comparer photos 129 et 75)*.
Carte postale de Fortier, CGF 408, début 1906.

409. Afrique Occidentale - SOUDAN — DJENNÉ — Types de Maisons

Collection Générale Fortier, Dakar

153

128 Nous ne connaissons aucune autre photographie de Djenné montrant un ensemble aussi étendu de maisons à cour. La plupart des maisons de ce type se trouvaient en bordure d'espaces ouverts à l'intérieur de la structure urbaine.
Carte postale de Fortier, CGF 409, début 1906.

154

410. Afrique Occidentale - SOUDAN — DJENNÉ — Maison du Cadi

Collection Générale Fortier-Dakar

129 Ceci est la maison des Mayga. L'homme au turban sombre est sans doute le même que sur la photographie 127 *(voir également photo 75)*.
Carte postale de Fortier, CGF 410, début 1906.

411. Afrique Occidentale ~ SOUDAN - DJE
Petit cimetière au centre de la Vill
Collection Générale Fortier, Dakar

130 Dans la ville, entre les maisons, se trouvaient de nombreux petits cimetières. La plupart de ces lieux de sépulture avaient été improvisés lors de l'épidemie de choléra qui, en 1868, faillit anéantir la ville.
Carte postale de Fortier, CGF 411, début 1906.

156

412. Afrique Occidentale - SOUDAN — DJENNÉ — Type de Maison

Collection Générale Fortier, Dakar

131 Le cylindre, à droite devant la façade, est le réceptacle de latrines situées au-dessus, sur la terrasse. Cette fosse était vidangée une fois tous les deux ou trois ans.
Carte postale de Fortier, CGF 412, début 1906.

413. Afrique Occidentale ~ SOUDAN — DJENNÉ — Ruines de l'ancienne Mosquée

Collection Générale Fortier, Dakar

132 Les ruines de l'ancienne mosquée ont dû former un site impressionnant. Si on compare cette photo avec celle de Rousseau *(53)*, le délabrement est nettement visible. La photographie de Fortier a été prise d'un point de vue légèrement différent et probablement avec un autre objectif, de sorte qu'ici on distingue à la fois les façades nord *(à droite)* et est *(à gauche)*. A peine six mois plus tard commençait sur ce même emplacement la construction de la nouvelle mosquée. Le petit édifice avec les deux ouvertures situées à gauche a été plus tard incorporé au soubassement sur lequel la nouvelle mosquée a été érigée. Deux jumeaux, les saints Alhassan et Alhousseini, tous deux morts vers 1820, sont inhumés à cet endroit *(voir Marty 1920 : 244)*.
Carte postale de Fortier, CGF 413, début 1906.

158

414. Afrique Occidentale - SOUDAN - DJÉNNÉ - Une Rue

Collection Générale Fortier, Dakar

133 La partie inférieure des façades était constituée par une plinthe élargie *(tintin)*, qui faisait souvant usage de banc pour se reposer ou faire la conversation.
Carte postale de Fortier, CGF 414, début 1906.

415. Afrique Occidentale - SOUDAN - DJENNÉ — Une Rue

Collection Générale Fortier, Dakar

134 Plus tard, la façade de la seconde maison à droite sera complétée par des ornements djennenkés semblables à ceux de la maison de gauche.
Carte postale de Fortier, CGF 414, début 1906.

160

135 A. Henry Savage Landor, explorateur britannique et écrivain distingué, visita Djenné en décembre 1906 au cours d'un périple qu'il avait commencé à Djibouti en janvier 1906. Il accompagna le récit de son voyage de deux merveilleuses photographies de Djenné que nous publions dans le présent ouvrage. Landor se tenait sur le toit de la mosquée de Cheikou Ahmadou lorsqu'il prit cette photographie. On peut voir clairement la couverture de l'escalier de cet édifice *(comparer photos 54 et 111)*.
Landor 1907 : opp. 460.

136 La construction de la nouvelle mosquée commença le 15 octobre 1906. Deux mois plus tard, au moment où Landor prit cette photo, la construction de la façade allait déjà bon train. Cette image montre que le mur occidental est en bien des points une reconstruction de l'ancien.
Landor 1907 : opp. 462.

162

137 Cette photo a été prise avant 1914, par conséquent moins de sept ans après l'achèvement de l'actuelle grande mosquée de Djenné. Comme le montrent les illustrations suivantes, la partie avant de la tour *mirhab* a subi un certain nombre de modifications au cours des années et la façade a accueilli sur toute sa longueur un plus grand nombre de faisceaux de bois de palmier *(toron)*.
Bien que les dernières quatre photographies datent d'une autre époque que celle prise en compte dans le présent ouvrage, nous faisons ici une exception pour l'édifice le plus célèbre de Djenné.
Avec l'autorisation du Centre des Archives d'Outre-Mer, Aix-en-Provence, album 8 Fi 46.

1291. - SOUDAN. - DJENNÉ. - La Mosquée

Reproduction interdite

138 La photographie de cette carte postale a été prise dans le courant des années vingt.
Carte postale de 'Lauroy, éditeur'.

164

139 Cette carte postale probablement éditée après la Seconde Guerre Mondiale a servi de modèle pour le timbre. La mosquée de Djenné était donc en quelque sorte un symbole de l'Afrique Occidentale Française.

140 Une photographie récente.
Photo : Martin Stoop, août 1994.

Bibliographie

Archinard, Colonel
1896 - La campagne 1892-1893 au Soudan Français. Rapport du colonel Archinard. *Bulletin du Comité de l'Afrique française, Renseignements coloniaux et documents* 1, pp. 1-36.

Ba, Amadou Hampaté & Jacques Daget
1955 - *L'Empire peul du Macina* I (1818-1853). Bamako : Institut Français d'Afrique Noire, Centre du Soudan.

Baratier, Lieutenant-Colonel
1912 - *A travers l'Afrique.* Paris : A. Fayard.

Bastard, Georges
1900 - Une ville du Niger - Djenné. *A Travers le Monde, supplément du Tour du Monde* 17, pp. 129-132; 18, pp. 137-140.

BCAF (= Bulletin du comité de l'Afrique française).

Bonnier, Général Gaëtan
1926 - *L'occupation de Tombouctou.* Paris : Les éditions du monde moderne.

Bourgeois, Jean-Louis
1987 - The History of the Great Mosques of Djenné. *African Arts* XX (3), pp. 54-62, 90-92.

Caillié, René
1985 - *Journal d'un voyage à Tombouctou et à Jenne.* 2 tomes, Paris : Editions La Découverte [édition originale 1830].

Chailley, Commandant
1953 - *Les grandes missions françaises en Afrique occidentale.* Dakar : Initiations Africaines. IFAN.

Charles-Roux, M. J.
1902 - *Exposition universelle de 1900. Les Colonies françaises. L'organisation et le fonctionnement de l'exposition des colonies et pays protectorat. Rapport général.* Paris : Imprimerie Nationale.

David, Philippe
1978 - La carte postale sénégalaise de 1900 à 1960. Production, édition et signification : un bilan provisoire. *Notes africaines* 157, pp. 3-12.
1980 - Fortier, le maître de la carte postale ouest-africaine. Inventaire provisoire d'une production cartophilique en A.O.F. (1900-1925). *Notes Africaines* 166, pp. 30-37.
1986, 1987, 1988 - *Inventaire général des cartes postales Fortier.* 3 tomes. Tome I, 1986 : 1900-1905, avec texte de présentation et commentaires; tome II, 1987 : 1906-1910, 3100 références avec textes de présentation et commentaires; tome III, 1988 : 1912-1920, 2700 références avec textes de présentation et commentaires. Paris : chez l'auteur.

Deherme, Georges
1908 - *L'Afrique occidentale française. Action politique, action économique, action sociale.* Paris : Librairie Bloud.

Desplagnes, Louis
1907 - *Le plateau central nigérien 1907 : Une mission archéologique et ethnographique au Soudan français.* Paris : Larose.

Devisse, Jean
1993 - L'or. In: J. Devisse (éd.), *Vallées du Niger,* pp. 344-357. Paris: Editions de la Réunion des Musées Nationaux.

Domian, Sergio
1989 - *Architecture Soudanaise. Vitalité d'une tradition urbaine et monumentale. Mali, Côte d'Ivoire, Burkina Faso, Ghana.* Paris : L'Harmattan.

Dubois, Félix
1897 - *Tombouctou la mystérieuse.* Paris : Flammarion.
1911 - *Notre beau Niger.* Paris : Flammarion.

Dupuis (Yacouba), A.
1917 - *Dictionnaire Songoï ou Songaï-Français.* Paris : Ernest Leroux.

Emily, Dr. Jules
1926-1927 - Souvenirs d'un Soudanais. La fin d'Ahamadou Schecou. *Académie des Sciences Coloniales* 8, pp. 225-237.
1928-1929 - L'Affaire de Bossé. *Académie des Sciences Coloniales* 11, pp. 403-415.

Es-Sa'di, Abderrahman ben Abdallah ben `Imrân ben `Amir
1964 - *Tarikh Es-Soudan,* trad. O. Houdas. Paris : Maisonneuve [édition originale 1913-1914].

Förster, Brix
1897 - Die Sonray. *Globus* 71, pp. 193-195.

Gallais, Jean
1967 - *Le delta intérieur du Niger. Etude de géographie régionale.* Mémoires de l'I.F.A.N. 79. 2 tomes, Dakar : IFAN.
1984 - *Hommes du Sahel, espaces-temps et pouvoirs, le Delta intérieur du Niger 1960-1980.* Paris : Flammarion.

Gardi, Bernhard
1985 - *Ein Markt wie Mopti.* Basler Beiträge zur Ethnologie. Basel : Kommissionsverlag Wepf.
1989 - Soudan. In : Martin Heller (Hrsg.), *Welt-Geschichten. Fotoalben aus der Sammlung Herzog.* Zürich : Limmat Verlag Genossenschaft.
1994 - Djenné at the Turn of Century. Postcards from the Museum für Völkerkunde Basel. *African Arts* XXVII (2), pp. 70 - 75, 95 - 96.

Gatelet, Lieutenant
1901 - *Histoire de la conquête du Soudan français (1878-1899).* Paris : Berger-Levrault.

Gouraud, Général
1939 - *Au Soudan.* Paris : Editions Pierre Tisné.

Gruner, Dorothee
1990 - *Die Lehmmoschee am Niger*. Stuttgart : Franz Steiner Verlag.

Harrison, Christopher
1988 - *France and Islam in West Africa, 1860-1960*. Cambridge : Cambridge University Press.

Haselberger, Herta
1974 - Stammeskunst und Kunsthandwerk zwischen Kayes und Sofara. Kunsthandwerk in Metall. *Zeitschrift für Ethnologie* 99, pp. 143-151.

Herzog, Sammlung
1992 - Rom, Aegypten, Paris in alten Fotografien 1850-1900. Sammlung Herzog. *Du*, Juli/August (Doppelnummer). Mit einem Interview von Dieter Bachmann mit Peter Herzog als Vorwort.

Hugot, Ludovic
1895 - Notes du voyage d'un officier au Soudan. *A Travers le Monde, supplément du Tour du Monde* 22, pp. 214-216.

Johnson, Marion
1970 - The Cowrie Currencies of West Africa. *Journal of African History* XI (1), pp. 17-49; XI (3), pp. 331-353.

Kâti, Mahmoûd Kâti ben El-Hâdj El-Motaouakkel
1981 - *Tarikh El-Fettâch*, trad. O. Houdas et M. Delafosse. Paris : Maisonneuve [édition originale 1913-14].

Konaré, Alpha Oumar
1983 - *Sikasso, tata*. Bamako : Editions imprimeries du Mali.

Konaré, Alpha Oumar et Adam Ba Konaré
1983 - *Grandes dates du Mali*. Bamako : Editions imprimeries du Mali.

Konaré Ba, Adam
1977 - Sonni Ali Ber. *Etudes Nigériennes* 40, Niamey : IRSH.

LaViolette, Adria Jean
1987 - *An Archeological Ethnography of Blacksmiths, Potters and Masons in Jenne, Mali*. Ph.D. dissertation, Washington University, Saint Louis.

Laforest, Lieutenant Marcel, de
1898 - Souvenirs d'une campagne au Soudan (1892-1893). *Mémoires de la Société d'Emulation du Uoubs I* (3), pp. 11-55.

Landor, A. Henry Savage
1907 - *Across Widest Africa*, vol. II. London : Hurst and Blackett.

Lederbogen, Jan
1989 - Technikgeschichte der Fotografie. In : Thomas Theye (Hrsg.) *Der geraubte Schatten. Die Photographie als ethnographisches Dokument*. München/Luzern : Bucher.

Maas, Pierre & Geert Mommersteeg
1992 - *Djenné : chef d'oeuvre architectural*. Amsterdam : Institut Royal des Tropiques/KIT.
1993 - L'architecture dite soudanaise : « le modèle de Djenné ». In : J. Devisse (éd.), *Vallées du Niger*, pp. 478-492. Paris : Editions de la Réunion des Musées Nationaux.

Mage, Eugène
1868 - *Voyage dans le Soudan occidental (Sénégambie-Niger), 1863-1866*. Paris : Hachette.

Mangin, Général
1930 - *Lettres du Soudan*. Paris : Les Editions des Portiques.

Mangin, Louis-Eugène
1986 - *Le Général Mangin (1866-1925)*. Paris : Editions Fernand Lanore.

Marc, Lucien
1910 - Mopti et le commerce du Moyen-Niger. *Annales de Géographie* XIX, pp. 42-47.

Marchand, Lieutenant
1892 - Soudan français. Mission militaire dans le Bakhounou (1890-1891). Rapport du lieutenant Marchand. *Journal de la République Française*, lundi 11 janvier.

Marty, Paul
1920 - *Etudes sur l'Islam et les Tribus du Soudan, tome II : la région de Tombouctou (Islam Songhay), Dienné, le Macina et Dépendances (Islam Peul)*. Paris : Editions Ernest Leroux.

Méniaud, Jacques
1912 - *Haut-Sénégal-Niger (Soudan français). Géographie Economique*. Tome II. Paris : Emile Larose.
1931 - *Les pionniers du Soudan avant, avec et après Archinard (1879-1894)*. 2 tomes. Paris : Société des publications modernes.
1935 - *Sikasso ou l'histoire dramatique d'un royaume noir au XIXe siècle*. Paris : F. Bouchy.

Miner, Horace
1965 - *The Primitive City of Timbuctoo*. New York : Doubleday. [édition originale 1953]

Monteil, Charles
1903 - *Monographie de Djénné, cercle et ville*. Tulle : Jean Mazeyrie.
1971 - *Une cité soudanaise : Djénné. Métropole du Delta Central du Niger*. Paris : Edition Anthropos [réimpression anastatique de l'édition originale 1932].

Monteil, Vincent
1971 - Préface. In : C. Monteil, 1971.

Oloruntimehin, B.O.
1972 - *The Segu Tuklor Empire*. Ibadan History Series. London : Longman.

Person, Yves
1970, 1975 - *Samori. Une révolution dyula*. Tomes II, III. Mémoires de l'I.F.A.N., nos. 80 et 89. Dakar.

Prochaska, David
1988 - Every picture tells a story : Picture postcards from colonial Algeria. In : Roberts 1988.
1991 - Fantasia of the *Photothèque*. French Postcard Views of Colonial Senegal. *African Arts* XXIV (4), pp. 40-47, 98.

Prussin, Labelle
1973 - *The Architecture of Djenné : African Synthesis and Transformation*. Ph.D. dissertation, Yale University.
1977 - Pillars, Projections and Paradigms. *Architectura* 7 (1), pp. 65-71.
1982 - Islamic Architecture in West Africa, the Foulbé and Manding Models. *Via* 5, pp. 52-69, 106-107.
1986 - *Hatumere : Islamic Design in West Africa*. Berkeley : University of California Press.

Roberts, Andrew (ed.)
1988 - *Photographs as sources for African History*. Papers presented at a workshop held at the School of Oriental and African Studies, London, May 12-13 1988, Unpublished.

Sonolet, Louis
1912 - *L'Afrique occidentale française*. Paris : Librairie Hachette.

Thiriet, E.
1932 - *Au Soudan Français. Souvenirs 1892-1894. Macina-Tombouctou*. Paris : André Lesot.

Winters, Christopher
1973 - *Cities of the Pondo : the Geography of Urbanism in the Interior Niger Delta of Mali*. Ph. D. dissertation, University of California, Berkeley.

Yaro, Abû Bakr ibn al-Hâdi
1989 - *Hadiyyatu I-bashar fî I-qarni I-khâmis cashar*. (Le don à l'humanité au XVeme siècle [Année Hégire]). manuscrit, Djenné.

CARTE

Certains Pays Étrangers n'acceptent pas la

CORRESPONDANCE

la station à ins
il et Georges est
une température
nous avons. Je
désert : du sable et
pourtant en irriguant